민주주의는
회사 문 앞에서
멈춘다

민주주의는 회사 문 앞에서 멈춘다

우석훈

한겨레출판

사람들은 말의 힘을 곧잘 무시한다. 그러나 세상은 말에 의해서 움 직이고, 말에 의해서 변한다. 변화 특히 좋은 변화는 말에서 시작된 다. 나쁜 일은 생각한 적이 없어도, 말로 표현하지 않아도 발생할 수 있다. IMF 경제위기는 말로부터 온 위기는 아니다. 아무도 제대로 된 경고를 받지 못했다. 그러나 좋은 일은 누군가 말을 꺼내고 그 말 이 여기저기로 전해지지 않았는데도 일어나는 경우가 거의 없다. 변 화 특히 좋은 변화는 말로부터 온다. 그게 우리가 계속해서 얘기하 고 떠들고 수다스러운 분위기를 만들어야 하는 이유다.

10년 전에는 나도 좋은 정책이 좋은 사회를 만든다고 생각했다. 그러나 문재인 정부를 보면서 이 생각이 바뀌었다. 좋은 정책 혹은 정교한 정책이 중요한 것이 아니다. 무엇을 하느냐보다 사람들이 얼마나 많이 얘기하느냐가 더 중요하다는 생각이 들었다. 군사정권 시절에도 밀실 행정이었다. 이명박, 박근혜 시절에도 경제는 밀실 행정이었다. 어느 날 갑자기 정책을 발표하기 전까지는 소문만 들리고, 정확히 무엇을 할지 대중은 아무도 몰랐다. 밀실 행정으로 언론을 통해서 적당히 간 보다가 어느 날 갑자기 발표하는 것은 문재인 정부도 다르지 않았다. 나는 이 정부도 다른 건 몰라도 경제는 실패할 것이라고 생각했다.

좋은 정책을 디자인하는 것이 국정 운영의 전부가 아니다. 공개적으로, 더 많은 토론을 하는 것이 진짜로 중요하다. 많은 사람이 토론하고, 어느 정도 정서적·감정적 합의를 이룬 정책들이 진짜로 강한 정책이 된다. 그런 것들이 세상을 바꾼다. 그리고 나는 좋은 정책을 디자인해야 한다는 생각을 버렸다. 그전까지는 아마도 약간의 엘리트주의가 나에게 남았던 것인지도 모른다.

나는 말을 선택했다. 그게 내가 아직도 책을 쓰는 이유다. 정책을 디자인하고 입안하는 데 가장 빠른 길은 정부에 들어가는 길이다. 혹은 정당이나 국회 근처에 있으면 더 효율적으로 정책을 세상에 소개할 수 있다. 그러나 한국에서 세상을 조금이라도 좋게 만드는 진짜 힘은 말에서 나온다. 중진국 혹은 개도국 시절, 나는 과정이 아니라 결과가 중요하다고 여겼던 것 같다. 그래서 더 빨리 결과를 계산하려고 했다. 내가 변한 것인지, 한국이 변한 것인지는 잘 모르겠다. 이제 나는 과정이 중요하다고 생각하게 되었다. 그게 민주주의다. 많은 사람이 얘기하고 서로 고민하는 와중에 생겨나는 변화, 이 변화만 진짜 변화다.

　말은 마이크를 따라 확산된다. 마이크의 종류는 많다. 한국에도 큰 마이크들이 많이 있다. 책은 그중 작은 마이크에 해당한다. 굳이 왜 작은 마이크를 선택했느냐고 묻는 사람이 있다. 근대는 책이 만들었다. 책이 가장 먼저 움직이는 마이크라서 그렇다. 21세기 한국, 여전히 책은 가장 먼저 움직이는 마이크다. 책이 움직이면 잡지가 움직이고, 그 뒤에 라디오와 신문이 움직인다. TV는 가장 나중에 움직인다. 덩치가 크기 때문이다. 책은 작은 마이크지만, 작기 때문에 먼저 움직일 수 있다.

　아직 한국에는 책만이 갖는 힘이 있다. 아직도 첫 번째 말, 그것도 오래갈 말은 책에서 나온다. '직장 갑질'이라는 말은 시원하기는 한데, 그 용어만으로 변화를 만들기는 어렵다고 생각한다. 나는 '직장 민주주의'라는 말을 쓰기로 했다. 아주 성격 안 좋고 기본 안 된 개인이 존재해서 문제가 생기는 것 같다. "그 새끼가 개새끼"인 경우도 있다. 그러나 많은 경우, 결국은 구조의 문제다. 사람이 나빠서 벌어지는 일만이 아니라는 생각이 필요하다. 직장 민주주의를 보장하는 구조화된 장치가 없다면 한때는 선량했던 사람, 집안에서는 선한 아버지인 사람도 사장이나 팀장의 자리에서 충분히 '개새끼'가 될 수 있다.

　이 책은 서른여섯 번째 책이다. 처음으로 그리고 아마도 마지막으로, 누군가한테 부탁을 받고 책을 쓴 경우다. 한겨레출판에서 부탁했다. 한참 고민하다가 결국 쓰기로 했다. 지난 10년 동안 책에 대한 내 생각도 많이 변했다. '88만원 세대'처럼 팬시하고 매력적인 제목에 대한 요구가 많았다. 그런 생각은 버렸다. '민주주의는 회사 문 앞에서 멈춘다'는 제목은 이 책의 내용을 가장 잘 보여준다. 정직하고 쉽게, 그게 내가 책을 쓰는 원칙이 되었다. 제목도 그 원칙에 의해서 정한다. 잘 팔리는 책에 대한 아쉬움도 버렸다. 팔기 위해 책을 쓰는 것이 아니라 말이 필요해서 책을 쓰는 것일 뿐이다.

직장 민주주의에 대한 책 작업을 하면서 두 가지 문장을 떠올렸다. 하나는 "절이 싫으면 중이 떠나라". 그런 얘기 나오는 조직은 망한다. 절이 싫다고 떠난 스님들 뒤로, 절이 너무너무 좋은 중들만 남은 한국 불교계를 보자. 말도 아닌 소리다. 그리고 "민주주의가 밥 먹여주냐"는 문장을 생각했다. 경제학 용어로는 민주주의와 효율성의 관계라고 할 수 있다. 지금 한국 경제가 이 모양으로 헤매는 것은 직장 민주주의가 딱 필요한 시기에 적절하게 변화하지 못했기 때문이다, 이게 내가 찾은 결론이다. 왜? 그 답을 찾기 위해서 노력했다. 나는 찾은 것 같다.

책을 마무리하고 나는 작은 자신감이 생겼다. 이 책을 읽은 독자는 자신이 조금이라도 변한 것을 느끼게 될 것이다. 내가 그랬다. 이 작업을 하면서 내 생각도 많이 바뀌었고, 조금은 똑똑해졌다고 자부한다. 초고를 다 쓰고 나서 앞부분을 대대적으로 고쳤다. 2부로 구성했던 원고를 해체해서 부를 없앴고, 장도 하나 날렸다. 그리고 그보다 작은 절도 여러 개 날렸다. 대공사에 해당하는 일을 하게 되었다. 책을 쓰면서 내가 바뀌어서 그렇다. 아마 독자 여러분도 경제적 이유로라도 직장에서 지금보다는 더 많은 민주주의가 필요하다는 생각을 하게 될 것이다. 그게 아니라면? 벽에다 대고 내 욕을 신나게 하셔도 좋다. 그건 내 실패다. 그렇지만 독자가 사장이거나 삼성 간부가 아니라면 그렇게 욕 먹을 일은 없을 것 같다.

우리의 직장을 천국처럼 만들자고 주장하려는 것은 아니다. 그렇지만 지금보다 좀 더 나은 곳으로 만드는 게 그다지 어려운 일은 아니다. 다만 상상하거나 생각하지 못했을 뿐이다. 촛불집회에 참가했던 많은 사람들이 직장을 바꾸는 것이 정권 바꾸는 것보다 더 어려울 것이라고 말했다. 나는 그렇지 않다고 믿었다. 우리가 정권 교체를 외친 것은 단순히 정치 지도자를 바꾸기 위해서가 아니었다. 일상의 삶을 개선하기 위해서였다. 직장 민주주의 역시 우리 일상의 경제적 삶과 연결되어 있다. 많은 사람들이 뜻을 모으면 못할 일이 아니다. '직장 민주주의', 여섯 글자를 더 많은 사람들이 입에 올리면 세상은 변할 것이다. 선진국은 그렇게 변해왔다. 이제 우리 차례다. 직장에서 시달리면서 자살을 고민하는 삶, 언제까지 그렇게 살 수는 없다. 너저분한 직장 상사와 턱도 없는 짓이 일상적으로 벌어지는 직장에서 고통 받는 모든 생활인에게 이 책을 바치고 싶다.

이 기회를 빌려 법무법인 수륜아시아에 감사드린다. 익숙하지 않은 법률에 대해서 자문해주었다. 윤호중 의원과 박용진 의원에게도 고맙다는 말을 전한다. 혼자 했으면 한참 걸렸을 자료 확보에 많은 도움을 주었다.

우석훈

*
차례
*

1장 회사는 민주주의 예외지역이 아니다

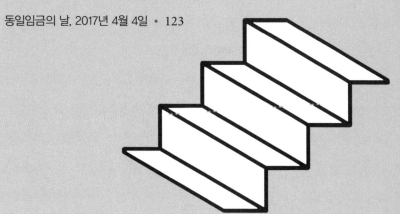

민주주의,
사무실 문을 열고 들어가라

1.

2010년에 마이클 샌델Michael Sandel의 《정의란 무엇인가Justice: What's the Right Thing to Do?》라는 책이 베스트셀러 1위에 올랐다. 그해 여름 즈음, 광우병 촛불집회 이후로 겨우겨우 돌아가던 이명박 정부에서 '공정한 사회'를 새로운 국정 기조로 정했다. 물론 MB가 이야기하는 공정한 사회를 믿은 사람은 거의 없었을 것 같다. 그가 뭐라고 말했든, 그 시절 한국 사회를 강타했던 《정의란 무엇인가》의 인기를 타고 가려는 시도로밖에 보이지 않았다.

공정한 사회에서는 패자에게 또 다른 기회가 주어집니다. 넘어진 사람은 다시 일어설 수 있고 일어선 사람은 다시 올라설 수 있습니다.

영원한 승자도, 영원한 패자도 없습니다. 이런 사회라면 승자가 독식
하지 않습니다. 지역과 지역이 함께 발전합니다. 노사가 협력하며 발
전합니다. 큰 기업과 작은 기업이 상생합니다.

_ 2010년 8월 15일, 이명박 대통령 광복절 기념사 중

우리가 알던 바로 그 MB와는 어울리지 않게, "노사가 협력하며
발전"한다는 말을 정말로 다 했다. 그래서 어떻게 되었을까? 사서 책
장에 꽂아놓고 보지 않는 책 1위가 마르크스Karl Marx의 《자본론Das
Kapital, Die Kritik der politischen Ökonomie》이었는데, 마이클 샌델의 《정의란
무엇인가》가 그걸 뛰어넘었을 것이라는 얘기가 돌았다. 《정의란 무엇
인가》, 실제로 읽은 사람을 만나기가 쉽지는 않다. 그렇지만 150만
부 이상이 팔렸으니, 책을 읽는 모든 가정에서 한 권 정도는 샀다고
볼 수 있다. MB는 공정할 것 같지 않은 사람이다. 그런 그도 이 기
세에 밀려서, 정의는 아니더라도 최소한의 기준인 공정성 정도는 얘
기했다. 노사, 노동자와 회사가 협력해야 한다고 말했다. 그게 광복절
을 맞이하여 우리의 대통령이 했던 얘기다.

그 후로 공무원들이 '대통령 말씀' 지킨다고 생난리를 쳤다. 그
래서 뭐가 좀 나아졌을까? 정부가 운영하는 공기업인 강원랜드는
2012~2013년 신입사원 최종합격자 518명 전원이 취업 청탁 대상
자였다. 어쩌다 한두 명도 아니다. 500명이 넘는 숫자 자체도 어마어
마하다. 더 무서운 것은 결국 합격한 사람들 중에서 청탁하지 않은
사람은 아예 없었다는 사실이다. 이럴 거면 시험은 뭐 하러 보나? 이

건 정의로운 사회가 아니고, MB가 말한 '공정한 사회'도 아니다. 그냥 거짓말 사회다. 상법, 공공기관 운영에 관한 법률, 이런 거 다 필요 없고, 그냥 형법 적용 대상이다. 그동안 말로는 공정한 사회를 외치면서, 힘 있는 사람들은 자기 자식들만 뒤로 밀어넣고 있었다. 왜 이런 거냐?

그런데 그동안 공무원이 관리하는 공기업들만 이런 말도 안 되는 짓을 하고 있었던 것일까? 2세는 옛날 일이고, 3세를 거쳐 벌써 4세 승계를 얘기하는 곳도 나왔다. 나머지 자리들이라고 온전하게 그리고 공정하게 취업이 이루어지고 있을까?

2.

유달리 추웠던 2017년 겨울, 촛불집회와 함께 뜨거운 한국이 되었다. 결국 좀 많이 이상하다 싶은 대통령이 자리에서 내려오게 되었다. 한국은 많이 바뀌었다. 그리고 지금도 바뀌고 있다. 한때 삼성 이건희 회장이 한국 기업은 2류, 행정은 3류 그리고 정치는 4류라고 한 적이 있다. 그 시기에 '민도民度'라는 단어 역시 유행했다. 민, 즉 국민들의 수준이 낮아서 우리가 이 모양 이 꼴이라는 얘기였다. 1995년, 한국의 기업이 2류라면 국민은 어떤 축에도 끼지 못하는 존재였다. 그리고 20년이 약간 넘는 시간이 흘렀다.

촛불집회 이후, 이제 어느 누구도 한국 국민의 '민도' 운운하는 별로 과학적이지도 않고 학문적이지도 않은 얘기는 하지 못한다. 섬세함과 성숙함 혹은 다양성에서 우리가 아직 선진국에 비해 좀 뒤질지도 모른다. 그렇지만 "우리 역사에는 혁명이 없다"고 배웠던 것과 달리, 이제는 평화롭고 정당하게 국민들 손으로 정권을 교체한 경험을 가지게 되었다. 트럼프Donald Trump 당선으로 '멘붕'에 빠진 많은 미국인들이 주변의 한국인들에게 '대통령 탄핵하는 법'을 물어보았다고 한다. 한국이 축구 1등하는 나라는 아니다. 야구 1등하는 나라도 아니다. 2002년에 월드컵 4강에 들자 많은 사람들이 기뻐했다. 그때는 한국 사회의 수준보다 축구 등수가 더 높다고 생각했던 것 같다. 그래서 더 기뻤던 것 같다. 지금은 그렇지 않다. 촛불집회와 함께 우리는 세계사의 한 부분이 되었고, 더 이상 열등국민이라는 소리 들을 이유가 없게 되었다.

90년대, 어쩌면 대기업이 보기에 국민들이 어딘가 좀 모자라고 이상해 보였을지도 모른다. 그들 눈에는 행정도 어딘가 이상해 보이고, 정치는 더더욱 이상해 보였을 것이다. 그러나 촛불집회 이후, 한겨울 광화문을 가득 메웠던 시민들의 눈으로 보면 지금 기업이 이상해 보인다. 그것도 많이 이상해 보인다. '대한항공 조씨'라는 별칭으로도 불렸던 조씨 일가의 이상한 일은 수십 년간 계속되어온 것 아닌가? 그러나 그걸 받아들이는 사람들이 변했다. 조씨 일가는 '우리한테 왜 이래?' 이런 마음이 들지도 모른다. 그러나 상황은 분명히 바뀌었다. 이제 우리에게 한국의 기업은 더 이상 우수하지도 않고, 선진적으로 보이지도 않는 것 같다.

민주주의는 시민의 기초 과목 같은 것이다. 상식 혹은 민주주의라는 과목에서 이제 우리의 기업들은 대체로 지진아 혹은 열등생이 되었다. 공부를 못하는 건 아니고, 안 한 거라고 생각한다. "내가 그런 공부를 뭐 하러 해" 하는 게 기업들의 현 상황이다. 대한항공의 조현민에게 직장 민주주의가 필수과목이니까 공부를 좀 해야 한다고 얘기해준 사람이 한 명이라도 있었을까? 삼성 이재용에게 "도련님, 싫더라도 오늘은 직장 민주주의 과목 좀 공부하셔야 합니다", 일러준 사람이 한 명이라도 있었을까? 조현민이나 이재용 주위의 사람들은 마치 합심이라도 한 듯 바보를 만들었고, 바보는 결국 괴물이 되어갔다. 심지어 박근혜나 홍준표 입에서도 민주주의라는 말은 나왔다. 그렇지만 한국을 대표하는 큰 회사와 관련된 사람들 입에서 민주주의라는 말은 나오지 않을 것 같다. 민주주의라는 과목에서 그들은 100% 낙제다. 그들을 D학점 이상 맞게 하려면?《별주부전》에서 육지에 나가 토끼를 잡아오라는 명령을 용왕으로부터 들은 거북, 별주부가 외쳤다.

"난감하네!"

3.
기업과 민주주의에 관한 논의는《자본론》보다 먼저 나왔다. 프랑스의 프루동Pierre-Joseph Proudhon이 '산업 민주주의'라는 말을 최초로 사용한 것이 1840년대이고,《자본론》1권이 출간된 것은 1867년이다. 기업과 민주주의를 논하며 19세기 후반에는 '산업 민주주의industrial democracy'라는 용어를 사용했고, 20세기 중후반에는 '직장 민주주의workplace democracy'라는 말이 유행했다. 회사와 민주주의, 자본주의 역사만큼 오래된 얘기는 아니지만, 최소한《자본론》보다는 오래되었다. 당연한 얘기다. 기업의 역사는 자본주의보다 길다.

직장 민주주의는 한때 유럽에서 아주 뜨거웠던 주제다. 그리고 이제는 그 사회에서 상식이 되었다. 그런데 우리는 아직까지도 기업과 민주주의에 대한 논의를 공식적으로 한 적이 거의 없다. 지금까지 한국 자본주의는 기업을 '민주주의 예외지역'으로 간주한 것 같다.

큰 힘에는 큰 (책임)이 따른다.

18세기에 활약한 프랑스 계몽주의 작가 볼테르Voltaire가 한 말이다. 졸지에 엄청난 슈퍼파워를 갖게 된 스파이더맨에게 삼촌이 해준 얘기이기도 하다. '책임'이 들어갈 자리를 괄호로 비워두고 한국의 대기업 3세 총수들에게 문제를 내보자. 괄호 안을 그들은 무엇으로 채울까? 이익, 관심, 사랑? 가끔은 미인이라고 쓸 사람도 있을 것이다. 그렇지만 좀 더 현실감각이 있는 사람이라면 '변호사 비용'이라고 쓸 것 같다. 적어도 지금까지 한국에서는 큰 기업들에 문제가 생기면 민주주의 방식으로 문제를 해결하기보다는 비싸고 힘센 로펌에서 '큰' 변호사들을 사는 것으로 문제를 해결했다. 그리고 최순실도 못 나오고, 박근혜도 못 나오는 감옥에서 유유히 걸어 나왔다.

이제 우리의 1인당 국민소득은 3만 달러다. 이 정도 돈을 벌었으면 전체적으로 부유하지는 않더라도 좀 더 삶의 여유를 가지고 편안하게 살 때도 되었다. 우리가 정말 괜찮다고 하는 유럽의 제도들이 국민소득 만 달러쯤 되던 무렵 어느 정도 자리 잡았다. 그사이 우리도 많이 변했지만, 한국의 기업은 크든 작든 대개 아직도 80~90년대 방식으로 운영된다. 좋을까? 좋긴 뭐가 좋을까? 불편한데 방법 없으니까 참는 것뿐이다. 간단히 표현하면, 민주주의 과목에서 회사 오너나 사장들은 물론 부장들까지 너무 공부를 못해서 전 국민의 삶이 고단한 게 우리 형편이다.

과로로 인한 자살이 최근 일본 사회를 뒤흔들고 있다. 1991년 광고회사 덴츠 사의 입사 2년차 직원이 자살하는 사건이 벌어졌다. 2000년 일본 법원은 이 사건을 과로 자살로 봤고, 회사에 책임이 있다고 판결했다. 그때부터 과로로 인한 자살도 과로사에 포함되었다. 아주 유명한 사건이다. 바로 그 회사에서 2016년 24세의 신입직원이 다시 자살을 했다. 보수 중 보수라고 할 수 있는 아베安倍晋三 총리가 직접 나서서 직장에서의 과로 자살을 줄이는 방안에 대해 호소하기 시작했다.

우리는? 통계도 없고, 과로 자살에 대해서 법원도 별로 신경 쓰지 않는다. 2016년 기준으로 한국에서 자살을 선택한 사람 중 취업자는 거의 절반에 해당하는 45.6%다(2018년 자살예방백서). 경찰청 자료로는 514명의 자살 동기가 '직장 또는 업무상 문제'였다. 그렇지만 산업 구조와 기업 구조가 일본과 비슷한 우리나라에서 이런 문제가 사회적으로 혹은 정치적으로 주요 이슈가 되는 일은 거의 없다. 먹고살기 위해서 직장에 일하러 갔다가 견딜 수 없어서 죽는 것, 이건 좀 너무한 일이다. 직장에서 죽고 싶은 마음이 드는 것만 줄여도 우리의 경제적 미래가 훨씬 더 밝아지지 않을까?

우리도 이제 기업과 민주주의라는 주제로 이야기를 할 때가 되었다. 기업 때문에 사는 게 너무 힘들어서 그렇다. 특별히 엄청나게 돈 많은 부모를 두었거나, 엄청난 재능으로 역대급 성공을 거둔 사람들 아니면 회사에 출근해야 한다. 그게 아니더라도 회사가 시키는 일을 해야 한다. 회사가 이러거나 저러거나 상관없는 사람들도 있다. 박근혜가 그랬고, 일부 건물주가 그렇다. 그러나 이 책을 읽을 독자들 대부분은 출근을 하거나, 비정규직으로 회사와 일을 하거나, 두 조건 중 하나일 가능성이 높다. 그리고 까딱 잘못해서 해고되거나 평가점수가 낮아질지도 모른다는 두려움을 가지고 있을 것이다. 지금 그 두려움에 맞서는 데 책이 함께해줄 수 있다.

2018년 한국의 현실은 "임금님 귀는 당나귀 귀"라고 말해줄 소년이 없는 상황과 똑같다. 기업이 광고주라서 TV도 그 얘기를 잘 못하고, 드라마도 잘 못한다. 외주 제작인 경우, 방송국은 드라마 제작비의 절반도 안 준다. 회사 광고도 달고, 기업 협찬도 받아야 겨우겨우 제작비가 마련된다. 아무 얘기나 막 할 수 없다. 그나마 지금 "당나귀 귀"라고 외칠 수 있는 매체는 한국에서 책이 대표적이다. 몇 년 전에 삼성이 출판계에 진출할 것이라는 소문이 파다하게 퍼졌고, 많은 사람들이 부들부들 떨었다. '이제는 책도 대기업의 영역으로 들어가는가?' 그런데 출판계에 불황이 왔다. 이 출판계의 장기불황 덕분에 삼성 같은 대기업이 출판사를 차리고 출판계를 장악하는 일은 벌어지지 않았다. 삼성은 출판시장에 진출하지 않았다. 그래서 책은 "임금님 귀는 당나귀 귀"라고 아직도 말할 수 있는 것이다. 대기업 눈치 보지 않아도 되는 곳, 한국에는 별로 없다.

이 책의 타점은 먼 데 있지 않다. '출근이 즐거운 직장', 그건 낙하산 타고 내려온 고위직 간부들에게나 있다. 언젠가 우리에게도 상당히 많은 사람에게 그런 상황이 올 수도 있지만, 지금은 아니다. '출근이 덜 괴로운 직장', 이건 굉장히 낮은 수준의 타점이다. 그렇지만 '출근이 덜 괴로운 직장' 정도는 해볼 수 있는 것 아닌가?

어떠신가? 직장 민주주의, 한번 해볼 텐가?

1장

회사는
민주주의 예외지역이
아니다

악바리
여직원

민주주의는 공장 문 앞에서 멈추지 않는다. 이것이 노동자 참여가 제대로 이루어지기 위해 필요한 사회경제적 시스템의 또 다른 다리 이다. 민주주의는 위계나 조직에 도전하는 것이 아니다. 모든 명령이 높은 곳에서 오는 군대 모델이 아니라, 위에서 또 아래에서 오는 힘 이 합류하는 지점에서 조직 내의 결정이 이루어지는 것을 뜻한다.

_ 도널드 럼볼Donald Rumball, 〈캐나다에서의 노동자 참여?Worker Participation in Canada?〉, 《오늘날의 산업 민주주의Industrial Democracy Today》 논문집(1979) 중

20대 여직원, 나는 한 번도 경험해보지 못한 것이다. 많은 사람들이 경험해보지 못했고, 앞으로도 못할 것이다. '여'가 앞에 붙는 직원. 경험은커녕, 한 번도 생각해보지 않은 사람들이 많을 것이다.

현대그룹에서 근무하던 시절, 나와 같이 일하던 여직원은 상고 출신이었다. 키는 크지 않았다. 얼굴에는 살이 좀 있었지만 팔다리는 정말로 뼈에 얇은 근육만 살짝 붙어 있었다. 그래도 강단이 있었다. 신입직원 단합대회 중 여직원끼리 하는 씨름대회에서 준우승을 했다. 그 시절에는 정주영이 아직 살아 있었고, 그로부터 상장도 탔다. 정주영이 '악바리'라는 별명을 붙여주었다. 그렇지만 악바리 같지는 않았다. 그녀는 주로 커피를 탔고, 가끔씩 간단한 금전출납 서류를 정리하는 것 외에는 대부분 잔심부름을 했다. 나는 차마 커피 타 달라는 얘기는 못했다.

나는 그녀가 멋지다고 생각했다. 편치 않은 가정형편이지만, 그녀는 돈을 벌었다. 나는 그녀를 통해 당시 한국에서 가장 큰 현대그룹에 다니는 여직원들의 세계를 조금은 알게 되었다. 회사 소속 여자 배구선수들이 나이가 들자 비서실로 가게 된 사연들을 들었다. 그렇게 회사원이 된 선수 출신들이 일반 직원으로 살아남기 위해 했던 몸부림, 나는 그 세계에 관한 얘기를 정말로 처음 들었다.

그녀와는 2년 정도 같이 일했다. 내가 현대에서 보낸 시간은 그보다는 약간 길다. 생각보다 그녀에게 많이 배웠다. 그런 독특한 경험을 하지 않았으면 내 삶은 아마 다른 방식으로 흘러갔을지도 모른다. 어쩌면 그냥 '다른 방식'으로 밋밋하고 평범하게 살아가는 편이 나에게는 차라리 나았을지도 모른다. 그 후로 나는 늘 사무실의 말단 여직원들에게 많이 배우는 삶을 살게 되었다. 민주정책연구원에 있으면서도 같이 일한 실무 여직원에게 많이 배웠다. 시대를 배우고,

삶을 배우고, 흐름을 배웠다. 그들은 나에게 끊임없이 조언을 했다. 나는 그 조언을 다 따르지는 못했지만, 허투루 듣지는 않으려고 노력했다.

IMF 경제위기로 내가 다니던 직장에도 구조조정의 순간이 왔다. 우리의 악바리 여직원에게 '정리해고'라는 발령이 났다. 행정실무를 하던 그녀가 파견직이었다는 사실은 그날 알았다. 나는 아무 말도 못했다. 부당하다는 생각은 했다. 그러나 우리끼리 한마디 하는 것 외에 딱히 뭐라고 말하지도 못했다. 긴 시간이 지나서 다시 생각해보니까, 그 사건이 나에게 아픔으로 남았다. 나는 살아남았다. 그래서 행복해졌을까? 정이 떨어졌다. 그 후 1년이 못 되어 나는 정부기관으로 옮겼다.

지금 와서 돌아보면, 직장생활을 하던 기간에 나는 늘 와달라고 청한 곳에서 일했다. 그래서 편하게 지냈던 것도 알고, 남들보다 꽤 많은 특혜를 받고 지냈다는 것도 안다. 그 시절에는 박사 수당도 적지 않아서 남들보다 월급도 더 받았다. 그리고 부당한 것에 늘 날카롭게 반대하지는 않는, 비겁하게 입 다무는 경우가 많았다는 것도 안다. 직장 안에서 내가 언제나 민주주의 투사였던 것은 아니다. 그러나 첫 직장에서 그 악바리 여직원과 나눈 우정 때문인지, 나는 가끔 내가 일하는 곳을 그녀의 시선으로 돌아보고는 했다.

여직원들의 세계는 남자들의 세계와는 많이 다른 것 같았다. 그 안에는 생각지도 못했던 아픔이 있었다. 그리고 절실함이 있었다. 엄마든 엄마가 아니든, 그들은 돈을 벌어야 했다. 절박하게. 남자들도 자신들이 절실하게 돈이 필요하다고 생각한다. 그렇지만 회사에서 일하는 여성들은 더욱 절실했다. 그래서 도저히 웃음이 나오지 않을 듯한 순간에도 미소를 짓는다. "우리 사무실의 꽃", 나는 그런 얘기가 입에서 나오지 않았다. '너 보기 좋으라고 웃는 게 아니야, 저 미소는.' 내가 아는 여직원들은 죽지 않기 위해서 미소를 지었다. 남자들은 그 속을 잘 모르는 것 같았다.

내가 생각하는 한국의 직장 민주주의는 간단하다. 여직원들이 억지로 웃지 않는 것, 그것이라고 생각한다.

도널드 럼볼이라는 기자가 1979년 직장 민주주의에 대한 기사를 쓰면서 "민주주의는 공장 문 앞에서 멈추지 않는다"는 표현을 썼다. 세계적으로 유명한 말이 되었다. 수많은 사람들이 이 글을 읽었다. 그러나 그다음 문장을 중요하다고 생각한 사람은 그렇게 많지 않다. 산업 민주주의 혹은 직장 민주주의는 군대 모델로부터 벗어나는 것이라고 럼볼은 주장했다. 군대? 그렇다. 자본주의는 시작하자마자 제국주의로 전환되었다. 군대와 기업의 구분이 모호했다. 인간이 만든 조직 중에서 가장 효율적인 조직이 군대와 교회다. 교회를 원형으로 한 기업들이 없지는 않다. 그러나 많은 경우, 기업 특히 대기업은 군대 모델을 차용했다.

산업 민주주의 혹은 직장 민주주의라고 불리는 다소 모호하면서도 우리에게 어색한 개념을 가장 쉽게 말하면, 군대 모델로부터 멀어지는 것이다. 럼볼이 한 얘기도 그 얘기다. 한국의 기업은 출발부터 21세기의 지금까지도, 기본적으로는 군대 모델 위에 세워져 있다. 거기서 별로 벗어나지 않았다. 이 군대 안에서 여성들을 전투의 보조요원 혹은 지원기능 정도로 생각한 것은 어쩌면 너무 당연한 일인지도 모른다. 군대에서 전투는 남성이 하는 일이고, 여성은 메딕, 그러니까 간호병쯤으로 간주된다.

직장 내 여성의 조건이 나아지면 남성은 불리해질까? 그렇지 않다. 여성의 조건이 개선되면, 남성 중에서 불리한 입장에 있던 사람들의 조건도 어느 정도는 개선된다. 여성 비정규직에 대한 처우를 개선하면 당연히 남성 비정규직의 처우도 나아진다.

경제학자로서 내가 특별히 더 약하거나 힘든 사람에게 관심 가지라고 배운 적은 없다. 동료로 생각하고 같이 일하던 어떤 여직원이 IMF 때 종이 한 장짜리 통보로 해고되는 것을 보면서 나는 진짜로 큰 충격을 받았다. 그때 경제주체로서 여성들, 비정규직이나 하청의 존재 혹은 실무자들의 세계에 대해서 처음 진지하게 생각해보게 되었다. 나의 동료들이 더 높은 곳, 더 근사한 곳에 관심을 가질 때, 나는 더 낮은 곳, 더 어려운 곳에 관심을 가지게 되었다. 그렇지만 1998년에 나는 직장 민주주의 같은 개념은 잘 몰랐다. 만약 알았다면, 직장 민주주의를 나의 첫 책으로 했을 것 같다. 우리는 다른 사람들의 어려움에 대해서 너무 쉽게 눈을 감는다.

엄마한테
연봉 얘기를 못해요

"선생님, 엄마한테도 연봉이 얼마인지 아직 못 알려줬어요. 생활비도 비싸고, 집값도 만만치 않고. 엄마는 용돈 안 보내느냐는 눈친데, 미안해서 집에 못 가겠어요."

이명박이 한참 공정 사회 얘기하고 있을 때 부산으로 내려간 금융공기업 젊은 직원들과 간담회를 할 일이 생겼다. 그때 어떤 신입 직원이 친구는 물론이고 엄마한테도 연봉 얘기를 못하고 있다는 얘기를 했다. 그리고 비슷한 하소연이 30분 넘게, 부산의 어느 고층빌딩 작은 방을 가득 채웠다. '공정'이라고? 나는 미안하기도 하고 무기력하기도 해서, 진짜로 몸 둘 바를 몰랐다.

'공시족'을 비롯한 수많은 취업준비생들 사이에서 금융공기업 입사에 성공하는 사람은 별 중의 별이다. 오랫동안 삼성전자와 더불어 입사 희망기업 1위를 다투었던 한국전력공사보다 더 윗길이다. 바로 그 금융공기업에 취업한 사람, 일반적인 생각으로는 진짜 별 중의 별, 부러운 인생일 뿐이다. 그들이 나에게 털어놓은 고충은, 부산에 와서 혼자 사는 것까지는 감수하겠는데, 연봉이 기대했던 데 비해서 형편없이 적다는 얘기였다. 그래서 막상 취직하고 나서는 엄마한테도 진짜로 얼마 받는지 아직 얘기를 못했다는 것이다. 엄살? 아니다. 그냥 하는 소소한 엄살이면 내가 책에다 쓰겠는가?

도대체 왜 그런 일을 했는지 진짜 동기는 이명박만 알 일이다. 하여간 그는 신입직원, 정확히는 다음 해 들어올 신입직원들의 연봉을 20% 정도 일괄 삭감했다. 공기업은 다 깎았고, 민간기업도 엄포를 놓아서 일부는 깎았다. 연봉을 깎아서 일자리 나누기를 하겠다는 것인데, 세상에서 가장 이상한 '잡셰어링job sharing'이 그때 펼쳐졌다. 연봉을 깎으려면 많이 받는 놈 것을 깎아야 맞는 거 아냐? 이게 보편적 정서일 것이다. 물론 나중에 사장 연봉도 깎기는 했다.

이명박이 한 일은 이미 취업한 사람들의 연봉은 그대로 두고, 이후에 입사할 신입직원의 연봉을 깎은 것이다. 중간 간부인 차장이 되면 이 깎인 연봉이 다시 원래대로 복구된다. 그래도 1인당 2~3억 원씩 평생소득에서 손해를 보게 되었다. 그런데 이 조치가 사기이기는 한데, 악랄하게도 저항할 수 없는 구조를 형성하고 있다.

한참 취업 준비 중인 사람은, 혹시 나중에 그 회사에 들어가게 될 사람이라도 아직 자기 일이 아니니까 뭐라고 말을 하기가 어렵다. 누가 취업할지 아직 모른다. 이미 취업한 사람은? 이 사람들은 자기 연봉에는 변화가 없기 때문에 굳이 나서서 뭐라고 할 이유가 없다. 현실적으로는 자기 월급이 깎이지 않으니까 한숨을 돌리기도 했을 것이다. 물론 노조가 반대하기는 했다. 그러나 어쨌든 남의 일이고 미래의 일이라서, 목숨을 건 투쟁 정도까지 가지는 않았다.

거의 아무도 신경 쓰지 않았지만 전국의 공공부문 신입직원들이 그 네이팜탄을 맞았다. 파파파파바바빵! 베트남의 정글에서 불기둥을 만들던 네이팜탄은 불길도 무섭지만, 진짜로 무서운 것은 순식간에 산소를 연소시켜버린다는 사실이다. 불길에 타지 않아도 질식해서 죽는다. 그 네이팜탄이 이번에는 젊은 직원들 그리고 미래의 직원들을 불바다로 밀어넣었다. 해마다 수십만 명, 원상회복될 때까지 10년 이상 수백만 명의 청년들이 이명박에게 당하게 된다. 공단, 공사, 이런 이름을 가진 회사는 물론이고 정부 방침에 따라 덩달아 신입직원 연봉 삭감에 나선 많은 회사들까지, 청년들이 한 방에 당했다. 남녀차별, 그딴 것도 없다. 지역차별도 없다. 공평하게, 새로 회사에 들어오는 젊은 사람이라는 이유만으로 느닷없이 연봉이 깎였다. 도대체 문명국에서 이런 일이 어떻게 벌어질 수 있었는지, 여러분은 이해하실 수 있으신가? 에헤라디야. 집 가진 부자들은 세금 100만 원만 더 나와도 세금폭탄이라고 난리를 친다. 정말로 가진 거라고는 공공부문 입사 공부하면서 생긴 지식 정도가 다인 젊은이들은 2억에서 3억 원씩 소득이 깎였는데 입도 벙긋하지 못했다. 한때의 일이라고? 그 네이팜탄의 피해는 여전히 진행 중이다.

전국을 이렇게 쑥대밭으로 만들어놓고 이명박은 '공정한 사회'를 얘기했다. 한국에 미친 피해만 놓고 보면 4대강도 이 정도로 어마어마하지는 않았고, 60조 원 이상의 피해를 입힌 자원외교도 이 정도는 아니다. 누가 봐도 이건 정의로운 일도 아니고, 공평한 일도 아니고, 효율적인 일도 아니다. 그래도 청년들 중에서 좀 먹고살 만할 것 같은 공사에 들어간 사람들까지 이렇게 이명박에게 제대로 당한 후, 혼밥과 혼술이 유행하고, 자신의 삶과 결혼은 아예 상관없다고 생각하는 청년들이 확 늘어났다. 솔로 문명의 개척자, 이명박 각하 만세!

좁게 보면 주식회사 넓게 보면 직장, 그 안에서 많은 결정이 이루어진다. 그리고 여전히 그 결정은 일방적이다. 만약 최소 수준의 민주주의가 직장 안에 있다면, 설마 내년에 입사할 직원들의 월급을 깎자, 그렇게 결정할 리가 있겠는가? 회사에 다닌다고 해서, 아니 대기업에 다닌다고 해서 사람들이 그 정도로 괴물은 아니다. 괴물은 이명박 한 명이었는지도 모른다. 그러나 우리의 직장에서는 뭔가 중요한 문제를 직원들이 같이 결정하거나, 결정은 못하더라도 의논이라도 하는 분위기가 아니다. 만약 이런 일이 독일에서 벌어진다면? 아니면 스웨덴이라면? 무자비하게 내년도 신입직원의 월급을 깎는 것을 받아들인 사장이 있다면 이사회에서 바로 해고할 것이다. 이사회에는 노조의 추천을 받은 이사진도 있지만, 노조와는 상관없이 일반

직원들을 대표하는 이사들도 있다.

설마 외국이라도 이명박 같은 역대급 황당 '퍼슨'이 등장하지 않을 리가 없지 않은가? 사람 사는 데는 다 거기가 거기다. 트럼프도 이명박처럼 공공부문 신입직원의 월급을 깎고 싶은 강렬한 충동을 느낄 수도 있다. 아니, 이미 그런 생각을 머릿속에서 몇 번 했을 수도 있다. 그러나 미국에서도 그렇게 황당하게 하지 못한다.

이명박 시절, 민주주의는 진짜로 땅에 떨어졌다. 그리고 직장도 황당한 일이 연속적으로 벌어지는 곳이 되었다. 직장 민주주의? 이명박에게는 돼지 목의 진주였다. 그런 게 있는지, 진짜로 알지도 못했다. 이명박의 '공정한 사회'만큼 무서운 사회도 없을 정도였다.

나는 연봉 비밀주의를 지지하지는 않는다. 회사가 연봉을 비밀로 하면 장기적으로는 회사만 유리해진다. 그렇지만 그 딸이 엄마에게 연봉을 비밀로 하는 이유만큼은 이해가 너무 잘 간다. 공기업 신입직원들에게 연봉삭감 네이팜탄이 떨어질 때, 그 일을 성공적으로 처리해서 잡음 없이 연봉을 깎은 사장들은 다음 해에 성과급을 더 많이 받았다. 너무 잔혹한 일이라고 머뭇머뭇한 사장들은 성과급이 깎였다.

우리나라 형법은 친족이나 동거인이 범인을 은닉하거나 도피하게 하는 경우에 처벌받지 않도록 하고 있다. 범죄를 저지른 자식을 도망치게 했다는 이유로 부모를 처벌하는 것은 너무 비인간적이라고 해서 공식적으로 법에 예외조항을 규정한 것이다. 사장이 예비직원의 연봉을 깎고, 그걸 업적으로 성과급을 받으면서도 여전히 '가족' 같은 회사를 들먹인다. 그럴 거면 회사에서 가족이라는 말을 아예 쓰지를 말든지. 이게 이명박 버전 공정한 사회였다. 기업에 관한 일, 우리 사회의 모든 상식이 순간 멈춰 섰다. 왜 이런 거냐? 이명박이 나쁜 거냐, 우리 사회가 나쁜 거냐?

잠자는
사무실의 공주

가끔 우연한 기회에 '신의 직장' 현상이 생겨난다. 워낙 일을 잘해서
모두가 선망하는 직장이 된 거라면 얼마든지 박수 쳐줄 수 있다. 그
러나 정부가 일부 취업시장을 독점하는 현상의 결과로 우연히 신의
직장이 되는 경우가 많다. 요즘에는 주요 공기업들이 지방으로 이전
하면서 서울에 남는 곳 혹은 서울 사무소 같은 데가 인기가 높아졌
다. 학부 졸업생부터 박사까지, 요즘은 연봉보다 입지가 더 중요한 조
건으로 작용하기도 한다.

누가 들어도 신의 직장이라고 할 곳에서 벌어진 일이다. 외국 대
학에 다니는 고위공직자의 따님인 공주님들께서 여름방학을 맞이하
시어 잠시 귀국을 하셨다. 그리고 그냥 놀러 다니지 않고 매우 갸륵

하시게도 정부 자금이 많이 들어가는 이 회사에 인턴으로 오시게 되었다. 인턴 역시 이명박 시절에 정부가 청년고용 대책으로 집중적으로 밀었던 사업이다. 일반 대학생은 인턴으로 들어가는 것도 경쟁률이 낮지 않다.

하여간 이렇게 낙하산 인턴으로 오신 공주님들을 모시느라고 한바탕 난리가 났다. 그냥 회사 다니던 서민들이 이런 공주님들을 본 적이 없어서, 뭘 어떻게 해드려야 할지 잘 몰랐다. 자기들끼리 대책회의도 했다. 위에서는 "특별한 일 시키지 말라", 이미 기본 방침은 내려왔다. 혹시 복사라도 시켰다가 잘 모시지 못했다고 한마디라도 나가면 무슨 후환이 있을지 모르는 상황이었다.

공주님들의 취향은 같지 않았다. 한 분은 화려한 것을 좋아하셨다. 직원들이 점심마다 돌아가면서 시내의 괜찮은 점심코스를 세팅했다. 돈은 문제가 아니다. 그 정도는 부서마다 있는 운용비로 처리할 수 있다. 직원들도 멀쩡하게 다 좋은 대학 나왔고, 그중에는 석사도 있었다. 나중에 유학 가서 박사학위 받은 사람도 있었다. 그러나 고위공직자를 부모로 두지 못한 '천출'인 것은 다들 마찬가지였다. 자존심은 잠시지만, 후환은 평생을 좌우할 수도 있다. "그래도 최소한 박사의 품위는 있어야 하는 것 아닌가?" 지켜보다 못해서 나도 동료에게 한마디 했다. 현실을 너무 모른다, 먹고살 만하니까 그런 말 하는 것 아니냐, 이러고도 무슨 분석을 하느냐, 말 한마디 잘못 꺼냈다가 욕만 잔뜩 먹었다.

말이 나온 김에 조금 더 보태보자. 이 회사 간부로 기획재정부

간부 출신이 온 적이 있었다. 이 양반이 일본 출장 갔을 때 접대 제대로 못했다고 환갑 가까운 늙은 직원이 골프채로 맞은 적이 있다는 말을 들었다. 그리고 일본 공항에서 여러 명이 줄초상이 날 정도로 혼이 나서, 결국 무릎 꿇고 싹싹 빌었다는 것이다. 그래도 뭐라고 못하고, 소문이 퍼지지 않은 것은? 간단하다. 후환이 두려워서다.

화려한 것을 좋아하는 공주님은 한 달도 되지 않아 사람을 편안하게 해주었다. 어차피 자기들 돈도 아니고, 그냥 세금의 일부일 뿐인 돈으로 맛난 것 좀 사주는 일, 그게 무릎 꿇고 누군가에게 빌어야 하는 일처럼 험악한 일은 아니다. 공주님도 좀 먹고, 그 김에 나도 좀 먹고… 돈이 좀 들기는 했지만 평화가 찾아왔다. 그러나 진짜 어려움은 화려함 바깥에서 찾아오는 법이다.

또 다른 공주님은 점심을 민중에게 얻어먹는 구질구질한 짓 따위는 하지 않았다. 전문용어로 '말 섞기', 이런 일이 일절 없었다. 뭘 원하는지 힌트라도 줘야 뭘 해드릴 텐데, 아무와도 얘기를 하지 않았다. 아무리 신분 높으신 공주님이라도 다 사람인지라 표정을 보면 뭔가 알 수 있을 줄 알았는데, 그것도 힘들었다.

공주님은 적당한 때에 출근하셔서, 자기 자리에서 잠을 자기 시작한다. 그리고 계속 죽은 듯이 잠만 잤다. 시간이 지나면 기침을 하시고, 잠시 외출을 하신다. 그리고 돌아와서 다시 잔다. 다 자고 나면 퇴근하신다.

직원들은 연거푸 회의를 열었지만, 이 독특한 인물의 행동을 도저히 해석할 수가 없었다. 뭐지? 일을 가르쳐달라면 일을 가르쳐주고, 맛있는 걸 달라면 맛있는 걸 주고, 선물이 필요하다면 언제든지 선물을 줄 생각이 있다. 그리고 그럴 능력도 있다. 그러나 도무지 공주의 마음이 짚이지가 않는다. 직원들은 전전긍긍했다. 뭘 잘못한 건가? 아니, 한 게 없는데 잘못이나 마나 있을 리 없다. 눈빛이나 표정이 경건치 못했거나 사리에 맞지 않는 일이 있었는지, 진짜 직원들은 무의식 수준까지 자신을 성찰했다.

나는 이 사건을 부모에 대한 딸의 반항이라고 해석했다. 방학 때 한국에 돌아오고 싶어하지 않았던 딸의 미래를 너무 걱정한 부모가 이렇게라도 경력 한 줄을 억지로 만들어주려 했고, 그래서 그녀는 다시는 이런 일이 벌어지지 않도록 작심하고 반항한 것이라고… 물론 이런 가설을 증명할 방법은 피차 없다. 그렇게 여름이 지나갔고, 잠자는 사무실의 공주도 떠났다. "허리 괜찮을지 몰라, 그렇게 자서." 정말 착한 직원들은 이런 걱정을 하기도 했다.

이명박이 공정한 사회 만든다고 생난리를 치는 동안에 신의 직장 한가운데에서 인턴 공주님들을 모시느라 벌어진 소동을 보게 되었다. 그때만 해도 '낙하산 인턴' 초창기였다. 사장님과 차관님 혹은 실장님이 만나서 밥 먹다가 어영부영 해버린 약속이 만들어낸 작은 코미디다. 그 시절만 해도 애교였다. 그때 그 공주님은 잘 계실까, 얼마 전에 누군가 니에게 물어봤다. 진짜로 심각한 마음으로 걱정하며 물어봤다. 웃으면 안 되는데, 나는 자꾸 웃음이 났다. '잠자는 숲속의 공주'처럼 전설적으로 잠만 잔 공주님은 유일무이하긴 한데, 그 정도

급은 안 되어도 주로 잠을 많이 자는 공주님들은 그 뒤에도 몇 번 더 왔다는 후일담이다.

내가 본 경우는 그냥 사장이나 간부들이 자기 승진을 위해서 오지랖을 떤 경우다. 그렇게 계획적이고 조직적인 일은 아니었다. 시간이 흘렀다. 이걸 기업의 사활을 건 적극적이고 체계적인 마케팅 기법으로 승화시킨 회사가 등장했다.

한국오라클 영업사원들이 개별적으로 '모셔온' 인턴들에게 주는 업무는 거의 없었다. 단순업무를 하거나 업무보조를 하는 게 전부였다. 아예 일을 주지 않고 종일 쉬도록 하는 경우도 잦았다. 당시 인턴십 업무를 담당했던 한국오라클 관계자는 "위에서 '인턴들에게 별도의 일을 주지 말고 책을 읽도록 하거나 쉬게 하라'는 지시가 내려왔다"며 "멘토 역할을 하는 직원을 정해놓고 '인턴들이 뭘 물어보면 응대를 잘하라'는 업무지시 메일을 보내기도 했다"고 말했다.

인턴들이 하루 중 가장 바쁜 때는 점심시간이었다. 한국오라클 영업사원을 비롯한 관련 부서 직원들이 앞다퉈 인턴들과 점심약속을 잡았다. 점심시간마다 직원들이 인턴들을 레스토랑으로 '모시고' 가는 웃지 못할 풍경을 빚기도 했다. 당시 인턴십을 진행했던 한국오라클 관계자는 "영업사원 입장에서는 밥 한 번이라도 더 사주고 얼굴 도장을 찍어놓아야 했다"며 "집에 가서 부모님한테 얘기 좀 잘해달라는 취지였다"고 말했다.

식사비는 한국오라클 직원들의 법인카드로 처리했다. 회사에서도 인턴 '접대'에 법인카드를 쓸 수 있도록 비용 승인을 해줬다. 당시 인턴들을 데리고 식사를 한 경험이 있는 오라클 직원은 "이런 애들 밥을 사주고 다녔다는 데 자괴감을 느낀다"며 "우리 애들이 컸을 때 내가 임원이 아니라서 취업 못 시키겠다는 생각이 들었다"고 털어놨다.

_"대기업 'C레벨' 자녀들의 기가 막힌 '귀족인턴'", 〈경향신문〉, 2018년 6월 23일

입법부인 국회의 의원실을 비롯해서 우리나라 전 부문에서 돈 적게 주고 부려먹기 좋은 인턴제를 적극 활용한다. 사실 인턴 경력이 아무것도 아닌 경우가 많다. 그렇지만 이런 인턴 자리를 뇌물 대신 쓰는 경우가 종종 발생한다. 그냥 간단하게, 이건 뇌물죄에 해당한다. 돈 대신 자리가 오고 갔을 뿐이다. 인턴도 뇌물로 거래되는데, 채용은 뇌물로 거래되지 않을까? 그렇지 않다는 보장이 없다. 이게 21세기의 직장 모습 맞아?

선배와 후배,
군대냐 조폭이냐?

"여러분은 혹시 다섯 살 어린 사람이, 야 친구하자, 그러면 어떻게 생각하실까요?"

얼마 전 주로 20~30대들이 모인 강연에서 이런 질문을 했다. 반응은 격렬했다. 상상할 수도 없는 일이라는 불쾌함이 얼굴에 묻어났다. 다섯 학번 아래면 같이 학교를 다니지도 않았다. '핏덩어리'다. "다섯 살 아래, 어디서 맞먹어?" "미친 거 아냐?" 별로 심각하게 질문한 것도 아닌데, 강연장의 감정은 순간적으로 고양되었다. '선배 사랑은 내리사랑', 이런 말도 아닌 얘기들을 대학생들은 물론이고 회사에서도 스스럼없이 한다. 이 선후배 문화야말로 일본이 식민통치한 기간에 우리에게 남기고 간 상처가 아닌가?

우리는 근대화와 자본주의 운용을 일본에게 배웠다. 그리고 재수 없게 기업 운영의 기본 모델도 일본에게 배웠다. 그런데 더 재수가 없던 것은, 마침 그 시절 일본을 통치하는 사람들이 군인이었다는 사실이다. 배 만드는 회사며 큰 기계 만드는 회사들이 병참을 맡았고, 그 회사들도 군대식으로 운영되었다.

물론 19세기 제국주의 전쟁을 치르면서 유럽의 많은 기업들도 군대식으로 운용되었다. 그런데 일본은 여기에 공채제도와 연결된 선후배 문화를 접목시켰다. 수직적인 조직모델에 수직적인 관계모델 하나가 더 첨가되었다. 이중의 수직적 모델이라고 할 수 있는데, 일본은 이런 수직성 때문에 굉장히 경직된 조직문화로 유명하다. 우리는? 일본한테 배웠지만, 일본보다 더하다. 순전히 박정희 때문이다.

일본은 그 군대식 사회를 두 번에 걸친 핵폭탄 투하와 함께 종료시켰다. 전쟁이 끝나고 일본은 병영 사회로부터 탈피하려고 진짜로 몸부림을 쳤다. 군대를 자위대로 격하시키고, 사회도 민간인들이 많은 것들을 주도해나갔다. 이제는 군인들이 사회의 중요한 무대로 나와서 군인들 입맛에 맞게 재단하는 일이 일본에서도 더 이상 익숙하지 않다.

일본이 그러는 동안, 우리는 군인들이 제대로 사회를 접수하고 자기들 보기에 좋은 대로 한국을 만들었다. '한국식 민수주의' 같은 이상한 말들을 만들었지만, 그냥 한국은 병영 사회였다. 외국에서 이 기간의 한국 경제를 놓고 '동원경제'라는 말을 쓰기도 했다. 전쟁을 치르기 위해서 물자를 징발해가는 것처럼, 한국은 그렇게 강제로 사람이든 땅이든 돈이든 뭐든 군인들이 장악하고 나누어 가졌다.

당연히 기업도 군대식으로 운용되었다. 그것도 별로 눈에 안 차, 아예 군인들이 뛰어들어서 국영기업을 만들었다. 그리고 그 군대식 문화를 더욱 강화시킨 게 일본식 선후배 문화다. 선후배 사이에 안 끼면 바로 왕따다. 물론 그 안에 있으면 좋기도 하고, 윗사람으로서 누리는 권력이 달콤할 수도 있다. 그러나 그런 게 민주주의는 아니다. 가끔 선후배 문화가 자랑스러운 전통이라고 하는 정신 나간 사람들도 있다. 군인의 전통이라면 맞는 말인데, 우리 역사의 전통은 아니다. 지금 우리 상황은 조선시대보다도 못하다.

조선시대 아니 우리 역사를 통틀어 우정으로 가장 유명한 사람이 오성과 한음이다. 게다가 이들의 우정은 임진왜란이라는 다급한 상황과 맞물려 그 가치가 더욱 높아 보인다. 아마 지금 한국 드라마에서 그 정도 우정을 설득력 있게 보이려면 학번이든 동기든 뭐든 동년배라는 설정이 필요할 것이다.

> 철령 높은 봉에 쉬어 넘는 저 구름아
> 고신원루孤臣冤淚를 비 삼아 띄웠다가
> 님 계신 구중심처九重深處에 뿌려본들 어떠리

〈철령 높은 봉에〉라는 시조는 말년에 오성 이항복이 유배 가면서 지은 시다. 그는 권율의 사위였고, 두 번에 걸친 전쟁 중에 다섯 번이나 병조판서가 되어 전쟁을 치르고 뒷수습을 맡은 명신 중의 명신이다. 그와 함께 맹활약했던 한음 이덕형과의 나이 차가 다섯 살이다. 어린 시절 오성으로서는 다섯 살 어린 한음이 얼마나 만만하고 골탕먹이기 좋았겠는가? 오성과 한음 에피소드의 대부분이 오성이 한음 놀려먹은 얘기들이다. 요즘 말로 하면, 오성에게 한음은 '밥'이다. 그러나 역사에 둘은 친구로 남았고, 그것도 한국 역사상 최고의 우정을 나눈 절친 중 절친으로 남았다. 김유신과 김춘추는 우정이라고 보기에는 관계가 좀 멀고, 오성과 한음의 담백하고도 코믹한 관계에 비하면 좀 '다크'하다. 역사에 남을 오성과 한음 다음의 우정이라면 전두환과 노태우를 꼽아야 할까? 쿠데타도 같이 하고, 줄 서서 대통령도 차례대로 하고, 감옥도 같이 갔다.

오성이 다섯 살 어린 한음을 보고 무슨 생각을 했겠는가? '쟤, 만만하니까 골려먹으면서 평생 후배로(!) 데리고 다녀야겠다' 이렇게 생각했을까? 한음도 바보 아니다. 하옥된 이순신을 적극적으로 변호해서 결국 그가 다시 해군을 지휘하게 만든 임진왜란 일등공신 중 한 명이 한음이다. 오성은 한음이 정말로 똑똑하니 그와 '친구 먹자', 이렇게 생각했을 것 같다. 그래야 우리가 아는 오성이다. 다섯 살 어린 사람이 친구라고 하면 속에서 열불부터 나는 사람들, 오성만큼 뛰어나고 명랑한 사람이 아닌 것은 확실해 보인다. 지금처럼 칼같이 나이 따지고 학번 따지고 기수 따지고… 그게 유학인가? 그 시절의 선비들도 지금 우리처럼 선후배 칼같이 따지지 않았다.

근대화와 함께 소학교가 생겼을 때도 장가 가서 상투 튼 어른

하고 제 나이에 학교 들어온 어린이들이 같이 학교를 다녔다. 반말하고 살갑게 지내기에는 좀 나이 차이가 크다. "그리 하게" "그리 하오", 하게체와 하오체가 그때 많이 쓰였다고 한다. 지금처럼 칼 같은 동기 문화는 조선 총독부와 함께, 그리고 우리의 현대사와 함께 형성된 것이다. 선후배 문화가 우리 고유의 문화라는 것은 그냥 착각이다.

군대식 모델의 상명하복을 극복하는 것, 그게 가장 간편하게 정의할 수 있는 직장 민주주의다. 그런데 우리나라는 박정희 이후로 군대식 문화가 사회 전체적으로 강조되었고, 여기에 외국에서는 듣도 보도 못한 공채를 통한 선후배 문화라는 또 다른 수직 문화까지 결합되었다. 군대와 조직폭력배들의 형님 문화가 대기업에서 착 만나서 제대로 꽃을 피웠다. 조폭은 공채로 사람을 뽑지 않아서 깡패들도 기업만큼 서열이 질서정연하지는 않다. 이 정도면 우리 사회에 민주화보다는 근대화라는 단어가 더 어울릴 정도다.

일반적인 조직론으로 한국의 대기업이나 공기업 등 그럴듯한 경제 조직들을 분석하면 분석이 잘 되지 않는다. 수평적 요소는 하나도 없고, 수직적 요소로만 서로 연결되어 있다. 부장이면 부장이고 팀장이면 팀장이지, 거기에 입사 선배에 가끔은 학교 선배… 꼼짝도 못하게 운신의 폭을 제한하는 문화적 요소가 조직에 두세 개씩 작용한다. 유럽의 기업들이 한때 수직적이었다면 우리의 기업들은 '절대 수직'이라고 불러야 할 것이다. 절대적인 수직 구조다.

잠깐 돌아보자. 기수 문화 등 선후배 문화가 강한 조직들이 법원, 검찰, 언론, 대학 등이다. 촛불집회 이후로 이런 데가 전부 개혁 대상이다. 그런데 대기업 등 직장은 개혁을 원하는 사람들의 시선에서 비켜 있다. 그들이 덜 수직적이라거나 덜 부패해서 그런 것이 아니다. 먹고살려고 일하러 왔을 뿐인데 민증 까라고 하고, 나이 따져서 반말 찍찍 하면서 이상한 일들이 벌어진다. 그렇지만 진짜로 먹고살아야 하니까, 싫은데도 참는 것이다. 이렇게 일하면 더 효율적일까? 그런 증거도 별로 없다. 그냥 예전부터 그렇게 해왔기 때문에 지금도 그렇게 할 뿐이다.

자본주의는 왕이 세습하는 한 시대를 마감하고, 그전의 상식과는 전혀 다른 세상을 가져왔다. 지금 한국 기업이 때로는 군대 같고, 때로는 조폭 같고, 어떨 때는 군대와 조폭을 섞은 듯한 모습을 보여주는 것, 이건 자본주의와도 상관없고 정상적인 현대 기업의 조직론하고도 상관없다. 그냥 전근대적인 것이다. 그걸 '글로벌 기업'의 첨단 경영기법이라고 우기는 것, 그냥 '개뻥'이다. 다른 나라는 이렇게 안 한다. 그들도 회사 다니기가 어렵다고 하지만, 우리가 어려운 것과는 전혀 차원과 격이 다르다. 사장 모시고, 상사 모시고, 선배까지 모시는 회사. 그게 한국의 직장이다.

우리 사회는 점차 위로 다섯 살, 아래로 다섯 살 정도는 친구로 지내도 이상하지 않은 사회로 간 것이다. 화석처럼 남은 군대식 사회의 특징, 칼같이 서열 따지고 말 놓는 행태는 구시대의 유물이 될 것이다. 적당히 친하고, 적당히 멀어도 되는 사이, 그런 게 원래 직장의 의미다.

기업하기 좋은 나라,
너무 좋은 나라

> 투명한 시장경제 시스템을 구축해 기업하기 좋은 나라, 투자하고 싶
> 은 나라를 만들어가겠습니다.
>
> _2003년 1월 1일, 노무현 대통령 당선자 신년사 중

2002년 12월 대선은 최순실 사건으로 급하게 치른 2017년 5월 대
선보다 더 극적이었다고 할 수 있다. 2017년은 선거 자체만 보면, 대
통령 탄핵 이후 이미 많은 것들이 결정된, 약간은 싱거운 선거였다.
그러나 2002년은 정말로 건곤일척의 일대 대결이었다. 보수의 모든
것이 이회창의 한 어깨에 걸렸는데, 그는 선거에서 이기지 못했다.

그렇게 승리한 노무현 참여정부의 성과를 평가하기는 쉽지 않
다. 대표적인 것이 '평검사와의 대화'로 시작된 사법개혁인데, 그 시기

에 어느 정도의 성과가 있었는지를 법조계 외부에서 판단하기는 어렵다. 그 후로 이어진 보수정부 10년을 놓고 보면 정말로 뭐가 바뀐 것인지, 아니면 시도만 있었던 것인지, 정말로 판단하기 어렵다. 그렇지만 사회 전 분야에서 변화를 향한 갈망이 정권 내부에서나 정권 외부의 일반 시민들 사이에서나 팽배했던 것만은 사실이다. 방송이나 언론을 비롯해서 뭔가 바꾸려는 시도가 활발히 이루어졌다. 그런데 그 와중에 예외적으로 다른 방향으로 국정 기조가 잡힌 것이 기업 분야였다. 그리고 그걸 관통하는 표현이 '기업하기 좋은 나라'라고 할 수 있다. 이 표현은 아직 취임 전인 대통령 당선자 신년사에 등장하니까 비교적 정권 초기, 그것도 대통령직 인수위원회 구성 이전에 어느 정도는 자리를 잡았다고 볼 수 있다.

　노무현 정부의 '기업하기 좋은 나라'는 일종의 정치적 수사이고, 반대편을 향한 애교 같은 것으로 웃고 넘어갈 여지가 충분히 있다. 표현 그 자체만 보면, 기업을 하기에 좋은 여건을 가진 나라라는 게 나쁜 뜻은 아니다. 반대로, "당신들은 기업하기에 나쁜 나라를 만들고 싶은가?" 하는 질문에 그렇다고 답할 사람은 집권 세력 혹은 집권 예비세력 중에는 하나도 없을 것이다. 아마 정의당이 실제로 집권하더라도 일단은 기업 특히 대기업들에게 유화적인 "새해 복 많이 받으세요" 정도의 인사를 하게 될 것이다. 설마 집권 초기부터 '기업이 정의로운 나라', 이런 구호를 걸겠는가?

　문제는 이게 협조 당부를 위한 수사 정도로 사용된 것이 아니었다는 점이다. 초기에 극한 논란을 만든 기업도시부터, 영농산업단지라는 명목으로 농촌 지역에 공장 세울 수 있게 해주는 정도로 전락해버린 특별균형정책 그리고 동시다발적 FTA··· 수많은 정책 기조들을 만든 그야말로 국정 기조 중의 국정 기조가 되었다. 결국에는 대한민국이 '삼성공화국' 소리를 듣게 되었다. 기업하기 좋은 나라 정도가 아니라 기업만 좋은 나라가 되었다.

박정희 이후로 한국 경제와 기업의 관계는 '통제와 지원'이라고 표현할 수 있을 것이다. 국가는 기업을 통제하고, 그 통제를 잘 수행한 기업들에게 아낌없는 지원을 주었다. 원조 자금에 채권, 정부5개년계획의 수혜에 이르기까지 지원을 했더니, 말 잘 듣는 기업들이 대기업이 되었다. 그리고 어떤 이유로든지 정권의 눈 밖에 난 기업은 프로스펙스의 경우처럼 결국 문을 닫기도 했다. 삼성의 역사에서 역대로 가장 큰 위기는 사카린 밀수로 이병철이 박정희의 눈 밖에 난 순간이 아니었을까? 이 정경유착의 전통은 오래갔다. 정주영이 대통령에 출마한 이후 현대는 김영삼 대통령 앞에서 납작 엎드렸다. 기업과 국가 사이의 문제가 제일 큰 문제였지, 기업 내부에서 무슨 일이 벌어지는지는 아무도 신경 쓸 겨를이 없었다. 한국에서 노조는 약했고, 회사 내부의 일을 굳이 사회적 의제의 장으로 끌고 나올 여유도 없었다.

1960년대 이후 2002년까지, 한국에서 많은 사람들이 민주주의의 구호를 외쳤다. 흐름상 박정희 시절의 군부독재 이후로 지금까지, 외국에서 유행하던 '직장 민주주의'라는 구호가 우리나라에서 나왔을 법한 순간을 딱 하나 꼽으라면 2003년 이후 한동안 전개되었던 노무현 정권 시절이라고 하겠다. 대통령 탄핵 기각 직후 열린우리당 다수당 시절이 거의 유일한 시기였을 것이다. 그러나 그 시절에 열린우리당의 정책 기조는 이전 보수들의 여당과 크게 다르지 않았다. '집권당의 비극'이라고 해야 할지, '통치자의 아이러니'라고 해야 할지… 여당이 되어 실제로 국가를 통치하려는 순간에는 이념의 차이에도 불구하고 어쩔 수 없이 비슷해지는 그런 매직이 있는 것일까?

결론적으로 '100년 가는 정당'을 만들겠다던, 구舊 민주당과 결별한 열린우리당은 기업 측면에서는 별다른 조치를 취하지 않았다. 결국은 IMF 이후 한국 기업의 숙원사업이라고도 할 수 있는 비정규직을 직종 제한 없이 전면 허용하는 결과를 낳게 되었다. 그리고 이 사회는 간부와 일반 직원, 정규직과 비정규직 그리고 그 축에도 못 끼는 파견사원 등으로 갈갈이 찢겨나갔다. 우리 국민에 1등 국민, 2등 국민은 없지만, 우리 직장에는 1등 사원과 2등 사원이 존재한다. '민주주의'는 너무나 고급스러워서 말도 못 꺼내거나, 저 높은 별자리에 있는 신인神人들의 세계라서 상상도 못해보는 사람들이 이제 존재하게 되었다. 계절별 요인 등으로 비정규직을 사용하지 않을 수 없는 특수 직종에 한정하지 않고 전 업종에 비정규직을 일반화시킨 것, 기업하기 좋은 나라라는 정책 기조가 낳은 부산물 중 하나다.

다수당이 된 열린우리당이 '기업하기 좋은 나라'로 달려가면서 또 한 가지 현상이 생겨났다. 기업 내부의 일은 정치가 상관할 바 아님! 내 거니까 내 맘대로, 당신 참견할 사안 아님! 기업은 사적 소유의 영역이기 때문에 내부에서 어떻게 하든, 일반적인 정의의 관점이나 사회적 법률의 적용 대상이 아니라는 생각이 널리 퍼졌다. 20세기 초중반까지 미국도 그랬다. 1915년 미국 연방대법원은 노동조합 가입을 금지하는 계약을 불법이라고 한 캔자스 주법을 위헌으로 판결했다. 그 시절만 해도 기업이 내부에서 자기 마음대로 하는 것이 사유재산권의 영역이라는 생각이 팽배했다. 로버트 달Robert Dahl은 이 사례를 미국 자본주의에서 굉장히 중요한 사례로 분석한다.

로버트 달이 1981년 버클리에서 한 강연을 엮은 《경제 민주주의에 관하여A Preface to Economic Democracy》는 그 제목 때문에 한때 한국에서 '머스트 해브 아이템'이 되었다. 2012년 대선 즈음해서 경제 민주화라는 개념이 정권의 향방을 움직일 정도로 잠시 유행한 적이 있었다. 로버트 달은 경제 민주주의라는 개념으로 사실상 회사가 제 맘대로 해도 되는가 하는, 직장 민주주의에 대한 얘기를 했다. 21세기 미국에서 예전처럼 황당하게 회사가 노조가입은 안 된다는 조건을 내걸었다가는 연방대법원에서 거꾸로 위헌 판결을 받을 것이다. 1세기가 지나지 않아서 미국 사회가 완전히 바뀐 것이다.

'기업하기 좋은 나라'라는 정책 기조는 기업 내부에 대한 논의를 지연시킨 정도가 아니라, 여기에 대해서 질문하면 국정 기조에 반대하는 것으로 이해하게 만들었다. 열린우리당 정권의 성공을 바랐던 일부 사람들은 노조 등 기업에 반대하는 많은 흐름을 보수의 반정권적인 흐름과 같은 맥락으로 간주했다. 이래저래, 직장 민주주의는 터부처럼 여겨졌다. 문제가 없어서 말하지 않는 것이 아니라 감히 그런 얘기를 꺼내는 것은 물론 상상하기도 어려운 분위기가 펼쳐졌다.

우리에게 회사는 어떤 존재인가? 혹은 직장은 어떤 모습이어야 하는가? 선진국들이 오랜 기간 마주친 당연한 질문들이 우리에게는 은폐되고 지체되었다. 회사 그리고 직장의 문제는 오랫동안 한국 현대사의 흐름 속에서 치외법권 같은 것으로 남았다. 마치 박정희가 "허리 아래의 일은 넘어가라"고 한 것이 남자 권력자들의 치외법권이 된 것처럼 말이다. 딱 한 번 이 흐름이 전복은 아니더라도 완화될 수 있었던 순간이 그래도 노무현 정부 혹은 열린우리당 전성기였을지도 모른다. 그러나 '기업하기 좋은 나라'라는 구호 속에서, 그런 일은 벌어지지 않았다. 남자들의 세계는 더 남자다워졌다. 군대같이 규율을 강조하던 한국 기업들은 더 군대 같아졌다.

만약 내가 시간을 거슬러 무엇인가를 조금 바꿀 수 있다면, 2003년의 대통령 신년사 중 '기업하기 좋은 나라'라는 표현을 '다니기 좋은 직장'으로 바꿀 것이다. 그 말이 그 말 같지만, 현실에서는 많은 차이를 만들었을 것이다. 2003년은 IMF 정리해고로 은행을 비롯한 수많은 회사들에서 부부 중 한 명은 나가야 했던 비극이 지나간 바로 뒤였다. 이런 비극을 완화하기 위한 다른 흐름이 사회적으로 필요할 때, 한국은 정반대 방향으로 달려나갔다. 역사는 결국 필연이었나, 아니면 수많은 우연들의 예기치 못한 우연적 조합일 뿐인가?

유럽의 경우는 직장 민주주의가 68혁명을 계기로 많은 회사 속으로 퍼져나갔다. 노동조합은 19세기 중반부터 이미 제시된 직장 민주주의를 다양한 방식으로 토론했고, 개별 조직에서 다양한 해법들을 모색했다.

우리는 외국의 종교와 사상을 선교사를 통해서든 아니면 우리가 직접 배워서든, 하여간 지금까지 비슷하게 흉내는 다 냈다. 우리는 가톨릭도 스스로 책을 들여와 교리를 익혀서 뿌리내린 나라다. 우리의 민주주의는 장준하의 《사상계》를 숨어서 읽으면서 시작되었다고 할 수 있다. 우리는 직접 만들지는 못해도 많은 것을 배워서 혹은 독학으로 익혔다. 그런데 직장 민주주의는 배우려는 시늉도 하지 못했다. 이상한 일이다. 못할 게 뭐가 있나? 직장 민주주의가 뭐 그렇게 어려운 개념이라고?

조직의 실패,
몰락의 게임법칙

민주주의와 경제는 그렇게 잘 어울리는 주제는 아니다. 많은 사람들이 민주주의와 경제를 별도로 생각하는 경향이 있다. 기업에 대해서는 더욱 그렇다. 기업은 민주주의 예외지역이라고 생각하는 경우도 많고, 심지어 더 좋은 성과를 내려면 민주주의와는 반대 방향으로 가야 한다고 생각하는 경우도 많다. 민주주의를 경제의 장식품 정도로 생각해서 그렇다. 그게 20세기적 사유일지도 모른다.

시장이 언제나 균형에 이르고 늘 성공하는 것은 아니다. 그걸 시장 실패라고 부른다. 기업의 존재 자체가 시장 실패의 대표 사례다. 사람들을 모아서 조직을 이루고, 그 안에서는 경쟁을 잠시 정지시키기 때문이다. 애덤 스미스Adam Smith의 표현을 쓰면 '분업'이다. 직원들끼리 경쟁시키기 위해서가 아니라 협동해서 분업하기 위해서 기업을 만든 것이다. 재화를 만들든 서비스를 만들든, 사람들은 기업 내에서 하나의 성과를 만들어내기 위해 협동한다. 더 좋은 성과를 내기 위해서 직원들끼리 서로 경쟁하는 경우도 있지만, 시장에서의 경쟁에 비하면 협력을 전제로 하는 제한적 경쟁이다. 그런데 이 경쟁이 너무 심해지면 조직의 근본이 무너진다. 중간에서 적절한 균형을 찾아야 하는데, 이게 쉽지 않다. 그 균형을 못 찾은 조직은 실패하게 된다. 함께 모여서 일하는데도 각자 따로 일하는 것만도 못한 성과를 내는 조직, 그건 조직의 실패다.

간단히 생각해보자. 모든 사람에게 10의 힘이 있다고 가정해보자. 그리고 기업에 직원 10명이 있다. 조직의 실패가 발생하지 않는다면, 이 기업에는 100의 힘이 있다. 이게 최대치다. 그런데 경쟁이 심해지면, 사람들이 5의 힘만 회사를 위해서 사용하고 5의 힘은 경쟁자가 된 동료로부터 자신을 지키기 위해서 사용하게 된다. 그러면 이 조직이 최대한 쓸 수 있는 힘은 50으로 내려간다. 50의 힘을 쓰는 조직과 100의 힘을 쓰는 조직이 경쟁하면, 당연히 100의 힘을 쓰는 조직이 이긴다.

경쟁을 잘못 도입하면 기존의 불안한 균형보다도 더 나쁜 균형이 생긴다. 일한 만큼 성과급을 준다고 성과급을 도입하면 진짜로 성과가 엄청나게 좋아질까? 성과가 좋아지는 것처럼 보이려고 사람들이 자신의 에너지를 쓰기 시작한다. 그러면 기업은 더 많은 성과급을 도입한다. 그래서? 결국 망한다. 100의 힘을 쓰는 조직과 70의 힘을 쓰는 조직, 그리고 50의 힘을 쓰는 조직이 맞붙으면 누가 이기겠는가? 물어보나 마나다. 만약 선진국 기업들이 평균적으로 100의 힘을 쓰는데, 우리가 70 아니 그것도 안 돼서 50의 힘을 쓴다면? 기업의 위기가 오고, 제조업의 위기가 오고, 산업의 위기가 온다.

대량생산 대량소비 시대에는 그래도 누가 얼마만큼 일하는지 성과 측정이 쉬웠다. 컨베이어벨트 속도를 유지하려면 남들보다 더 많이, 더 빨리 하는 게 중요한 게 아니라 균일한 속도를 유지하는 게 더 중요했다. 최고의 직원이 필요한 것이 아니라, 최적의 직원과 표준화된 속도가 더 중요했다. 이 포디즘의 시대가 끝나면서 성과 평가가 더 어려워졌다. 개인의 기여도를 정확히 계산하는 것, 이제는 불가능하다. 기여에는 양적인 기여만 있는 게 아니라 질적인 기여도 존재하기 때문이다.

일한 만큼 월급 받는다, 이건 과학이 아니라 이념이다. 국가 차원에서 보면 노동생산성 변동과 임금총액 변동이 일치하지 않는다. 개인적으로도 마찬가지다. 일 자체가 복합적이게 되면서 누가 성과를 냈는지 정확히 측정하기란 불가능하다. 내부 경쟁을 강화하면서 전체적인 성과가 높아지기를 바라는 것, 사실 이념에 지나지 않고, 모순에 지나지 않는다. 기업이라는 조직이 생긴 이유가 내부에서 경쟁을 제한하기 위해서가 아닌가?

'구조조정의 딜레마'라고 부를 수 있는 현상이 존재한다. IMF 이후로 한국 기업들은 주기적으로 구조조정을 했다. 일 못하는 사람들을 내보내서 일 잘하는 사람들만 남기겠다는 게 의도다. 이해는 간다. 그렇지만 구조조정이 시작되면 기업 입장에서 남기를 바랐던 사람들부터 먼저 나간다. 협력게임이 끝났다고 생각하면 유능한 사람부터 나간다. 언젠가 나가야 한다면 그때가 지금이다, 유능한 사람은 이렇게 판단한다. 길고 고통스러운 구조조정이 끝나면, 의도와는 다르게, 내보내고 싶은 사람들만 남게 되는 경우가 종종 있다. 나가서 다른 일을 찾을 수 있는 사람과 그렇지 않은 사람은 구조조정을 대하는 태도가 다르다. 회사에 남기를 더 절박하게 원하는 쪽과 그렇지 않은 쪽이 경쟁하면 절박한 쪽이 이긴다. 물론 회사가 원하는 결과는 아니다.

독일이나 스웨덴 등 최근에 경제적으로 괜찮은 나라들을 한번 보자. 이런 나라 기업들이 꼭 내부에서 엄청난 경쟁을 통해서 결국 살아남은 사람들만 높은 연봉을 받는 방식으로 갈까? 그렇지 않다. 여성의 노동조건도 좋고, 대체로 우리보다는 훨씬 더 부드러운 조건에서 일한다. 물론 이 국가들에는 노조가 강하고, 노조가 회사와 노동자 사이의 협력 장치로 발전하면서 나름의 방식으로 직장 민주주의를 구축했다. 조직론의 관점으로 보면 조직의 실패를 직장 민주주의를 통해서 극복했다고 할 수 있다.

우리는 좀 다르다. 노조는 여전히 약하고, 국민들에게 강한 불신을 받고 있다. 그런데 우리도 경제의 다음 단계로 진입하려면 직장 민주주의가 절실하게 필요하다. 기업을 망하게 하고 기업가들에게 무엇인가 뺏기 위해서 직장 민주주의가 필요한 것이 아니다. 어차피 기업이 우리의 일터다. 지금 21세기 초반에 우리가 만난 기업의 위기는 조직의 실패로부터 온 것이다. 직장 민주주의는 조직 내부의 경쟁

게임을 협력게임으로 전환시키는 장치 중 하나다. 내부의 더 많은 소통, 더 많은 협력 그리고 쌍방향적인 관계, 이런 것들이 직장 민주주의를 통해서 기대할 수 있는 결과다.

절이 싫으면 중이 떠나라는 조직 중에서 크게 잘된 조직을 본 적이 거의 없다. 젊고 유능한 사람들은 그 꼴 보기 싫어서 먼저 떠나고, 나중에는 땡중만 남는다. 그게 무기력증에 빠진 한국 경제의 모습이다.

2장

팀장
민주주의

자유한국당에서
더불어민주당으로 간 사람들

노쇠하고 고위관료 출신들이 많은 한국당 의원들의 수직적 업무 문화도 보좌관들이 민주당으로 이탈하는 주요 원인이다. 이번에 민주당 보좌직원 공개채용에 지원한 한국당 출신 지원자는 "한국당은 관료 출신이 많아서 공직자 물을 못 버린다"며 "예를 들면 모든 보고를 선임보좌관을 통해서만 받는다"고 말했다. (…) 한국당보좌진협의회(한보협) 관계자는 "민주당은 의원과 보좌직원 관계가 동지적 개념이고, 한국당은 예전부터 수직적 개념이 고착됐다"며 "민주당의 수평적 관계는 우리가 항상 부러워하는 것"이라고 밝혔다.

_"유능한 젊은 우파들은 왜 한국당을 떠나나?", 〈프레시안〉, 2018년 7월 20일

2018년 6·13 지방선거는 민주당의 압승으로 끝났다. 민주당의 국

회의원 보좌관들 중 상당수가 지방의회의원 선거 등에 출마하여 당선되면서 보좌관 자리가 비었다. 그리고 같은 날 치른 국회의원 재보궐 선거에서 민주당 의원 다수가 당선되어 새로운 보좌관들을 선발하게 되었다. 결과적으로 99개의 민주당 의원 보좌관 자리가 생겼다. 이 자리에 라이벌인 한국당의 젊은 보좌관들이 의원실별로 20~40%씩 지원서를 냈다. 이 정도 숫자면 일종의 사회 현상이라고 볼 수준이다.

한국당과 민주당이 조직으로서 각각 장단점이 있지만, 이제껏 서로 상대방 회사(!)로 이직하는 일은 거의 없었다. 몇몇이 자리를 바꿔서 간 적은 있지만, 다른 당과의 통합이나 연합 등 좀 더 복잡한 2~3단계의 과정을 통해서 결국 자리를 바꾸게 된 경우가 많다. 흔히 '배 바꿔 탄다'고 얘기하는, 상대 정당으로 넘어가는 일은 쉬운 결정이 아니다. 삼성에서 현대로 가거나, 현대에서 LG로 가는 것보다는 훨씬 어려운 결정이다. 다 먹고살기 위해서 하는 일이겠지만, 전향, 변절, 배신 등 무시무시한 말들이 따라붙게 된다. 어지간해서는 건너가기가 어렵다. 한 번 가면 다시 돌아올 길이 별로 없다.

민주당과 한국당 두 군데만 놓고 비교한다면, 연봉은 지금까지는 한국당 쪽이 더 높다. 그러나 직장 민주주의는 민주당이 단연 국내 최고라고 할 정도다. 물론 위계가 아주 없지는 않지만, 맨 위의 얘기가 아래까지 기계적으로 관철되지는 않는다. 대표 시절 추미애가 하는 말은 콧방귀로도 듣지 않는 것 같았다. 그렇다면 문재인 대표 시절에는? 자기가 문재인 쪽이라고 생각하는 당직자들에게는 뭐가 좀 먹히지만, 반대쪽이라고 생각하는 당직자들은 하달된 지시만 기계적으로 이행할 뿐, 그다지 열심히 하는 것 같지는 않았다. 큰일이라고 많은 사람들이 끌끌끌 혀를 찼지만, 어쨌든 그 시절의 당직자들이 나름 역할을 해서 민주당은 야당에서 집권당이 되었다. 그러니 민주당의 수평적 문화가 그들에게 아무 효율도 없었다고 보기는 어렵다.

민주당 최고위원회 회의의 앞부분은 언론에 공개된다. 중요한 일이 있을 때마다 황당한 사건들이 노출되고, 사람들은 민주당을 '봉숭아학당'이라고 한다. 물론 그런 측면이 없지는 않다. 그러나 우리나라 주요 대기업들의 이사회라고 이보다 나을까? 중계되거나 공개되지 않아서 그렇지, 민주당 최고의원회의보다 결코 훌륭하지 않다. 한국당도 주요 회의를 하면 민주당보다 별로 나을 게 없다. 그렇지만 실무 당직자를 포함해서 당직자 사이의 위계질서는 민주당보다는 확실하다. 여의도에서는 그걸 놓고 "한국당 당직자들은 진짜 공무원 같다"는 말들을 한다. 그러니까 민주당은 위에서 시키는 일 잘 안 하고, 한국당은 시키는 일은 잘한다, 그렇게 이해할 수 있다. 외부에서는 민주당을 두고 "당이 꼴이 아니다"라고 했지만, 직장 민주주의 관점으로는 위계 면에서 훨씬 더 수평적 관계라고 할 수 있다.

중앙당 당직자는 정년이 보장되지만 국회의원 보좌관은 정년이 보장되지 않는다. 연봉은 당직자보다는 월등히 높다. 그러나 의원 임기 4년 동안의 임시직이다. 국회의원 보좌관은 국회의원 한 명을 중심으로 형성된 조직이라서 특별한 룰이 있지는 않다. 통상 한 사람을 위해서 존재하는 임시조직이라서, 매우 위계적이고 극단적인 수직관계만 있을 것 같지만 꼭 그렇지는 않다. 그야말로 의원 취향에 달렸고, 그야말로 '두목' 하기 나름이다.

한국당 쪽 의원실은 의원을 '영감'이라고 부르며 좀 더 경직된 경우가 많다. 물론 그중 정말로 보좌관들과 친구처럼 지내면서 서로 '터치'하지 않는 여성 의원들을 본 적이 있기는 하다. 그러나 대체로 진보 계열의 의원실이 좀 더 '동지적' 관계이고, 지나치게 수직적이지 않은 경향이 있다. 물론 여기에도 보좌관 '달달 볶는' 것으로 소문난 의원실이 있기는 하지만.

한국당 의원 보좌관들이 민주당 의원실로 대거 이동하는 것을 집권당에서 야당이 된 것을 참기 어려워 다시 집권당으로 옮겨간 것으로 해석할 수도 있다. 그리고 다음 총선 당선확률이 보다 높은 의원실로 여유 있을 때 미리미리 이전한 것이라고 해석할 수도 있다. 그러면 단순한 '철새 현상'이다. 그러나 당사자인 한국당보좌진협의회 쪽에서 지적했듯이 보다 수평적인 조직을 향해서 보좌관들이 이동한 것이라면? 이건 좀 해석이 필요한 일이다.

지금까지 많은 사람들이 직장이란 그냥 돈만 많이 주면 되고, 정년이 보장되면 좋다고 생각했다. 크면 클수록 좋다고 생각했고, 정부에 속하면 더 좋다고 생각했다. 월급이 중요하지 근무 여건을 제대로 고려할 형편도 되지 않았다. 사회적으로나 개인적으로나 직장 민주주의 같은 것을 고민한 적이 없었을 것이다. 그 조직이 더 수직적인 곳인지 더 수평적인 곳인지, 그런 건 깊이 따져본 적도 없었을 것 같다.

한국당과 민주당 사이의 보좌관 이동은 수직적 조직에서 수평적 조직으로 일정한 집단이 이동한 첫 번째 사례일지도 모른다. 어쩌면 병원이나 회계사무소, 법률회사 같은 경쟁 중이지만 이직률이 낮은 업종 내부에서는 이미 수년 전부터 수직적 조직에서 조금 더 수평적 조직으로 이동하는 일들이 벌어지고 있었는지도 모른다. 그러나 여기에 무슨 특징이 있을 것이라고 생각한 사람은 거의 없다.

독자 여러분에게 묻고 싶다. 만약 다른 조건이 전부 같다면 위계가 확실한 수직적 조직에서 일하고 싶은가, 아니면 위계가 조금은 불분명하고 어수선하더라도 좀 더 수평적인 조직에서 일하고 싶은가?

수평적 관계에 대한
지불의사

"사무실 안이 숨이 막혀 못 살 것 같아."

아침에 회사 로고가 박힌 정문을 지나면서 "나는 아무것도 아니다"라고 열 번쯤 되뇌고 출근하는 한 사나이를 안다. 그는 정의감과 신념 그리고 이제 막 결혼한 아내와의 사랑 등 여러 가지 사이에서 불안한 균형을 선택했다. 삼성전자에 취업했다. 그는 회사 안에서 자신의 영혼을 비워놓고 몸만 일하는 것 같다고 말했다. 출근하면서 영혼을 사물함에 꺼내놓고, 퇴근하면서 영혼을 다시 꺼내오는 것 같다고 말했다. 사무실 문을 나서고, 회사 정문을 나서야 비로소 자신으로 돌아오는 것 같다고 말했다. 그에게는 직장과 직장 아닌 것 사이의 격차가 너무 컸다. 그는 회사에 제대로 적응하지 못한 사람일까? 그렇지만은 않다. 그는 유능한 직원이었다. 어쩌면 그 회사의 공기 자체가 싫었던 것인지도 모른다.

그 후 직장에 다니는 사람들을 보면서, 일을 어떻게든 즐기는 사람들과 너무 힘들어도 어쩔 수 없이 다니는 사람들의 차이에 대해서 좀 더 유심히 생각해보게 되었다. 경제학에서는 일work을 W라는 변수로 표시한다. 여가leisure는 L로 표시한다. 24-W=L, 하루 24시간 중에서 노동하지 않는 모든 시간은 여가로 간주한다. 물론 상황을 간단히 설명하기 위해서 만든 도식적인 공식이지, 현실적으로는 말도 안 된다. 임금을 받지 않는 여성들의 가사노동은 전부 여가라는 것이고, 하루에 평균 두 시간가량 걸리는 한국인들의 출퇴근 시간도 여가라는 얘기다. 전혀 말이 안 된다. 어쨌든 이런 공식이 뜻하는 것은 일하는 시간은 고통의 시간이고, 그 고통을 지불하고 월급이라는 보상을 받는다는 것이다. 그리고 그 월급을 여가에 쓰게 된다.

최근에 유행하는 일과 삶의 밸런스work life balance, '워라밸'이 경제학에서 사용하는 노동 공식을 정확히 반영하고 있다. 일과 삶 사이에 균형을 찾자는 말은, 일은 고통이고 일 외의 삶은 즐거운 것이라는 의미를 전제한다. 개인의 차원에서 수동적으로 보면 맞는 얘기이기는 한데, 민주주의라는 관점에서 좀 더 적극적으로 보면 워라밸이 전부는 아니다. 일이 즐겁지는 않더라도 덜 고통스러울 수는 없을까? 직장이 행복하지는 않더라도, 삼성전자에 다니던 어느 사나이가 그랬듯 영혼을 잠시 사물함에 집어넣어야 견딜 수 있을 정도로 고통

071

스럽지 않을 수는 없는 것일까? 죽었다 생각하고 버티는 것, 그건 군대에서나 하는 얘기 아닌가?

한국의 직장인들이 참아야 하는 고통 속에는 일 그 자체만이 아니라 일하는 '과정'에서 사람들에게 치여서 발생하는 고통이 추가되어 있다. 일이 힘든 것보다는 일하는 구조, 상사와 동료와의 관계가 더 고통스럽고 참기 어려운 경우가 많다. 일은 힘들더라도, 조직 안에서의 관계가 조금만 더 부드럽고 덜 강압적이라면 직장에서 겪는 고통이 지금보다는 나아지지 않을까?

넓은 의미의 직장 민주주의는 직장 내 위계에 의한 갈등을 줄이고 지금보다 더 수평적인 구조를 만드는 것을 의미한다. 같은 일을 하는데 더 강압적이고 위압적인 상황에서 할 수도 있고, 덜 그런 상황에서 할 수도 있다. 큰소리 내지 않고 부드럽게 일할 수도 있는가 하면, 조금만 실수해도 욕설이 난무하고 뭐가 날아다니는 분위기에서 일할 수도 있다. 서로 욕하고 소리 지르면서 일하면 생산성이 더 높을까? 그렇다고 보기는 어렵다.

직장 민주주의 유무에 따라 보다 수평적인 조직과 수직적인 조직 사이의 차이가 나타난다. 이는 조직의 성격에 따라 다를 수 있기 때문에 모든 조직에 일관된 기준을 적용해 평가하기도 어렵고, 무게를 재듯 물리적인 방식으로 평가하기도 어렵다. 그렇지만 차이를 알아챌 수 없는 것은 아니다. 상사에게 말대꾸하면 큰일 날 것 같은 분위기에 서로 얘기 나누는 것도 조심스러운 사무실과, 좀 더 시끌시

끌하고 가끔은 오발탄도 날리는 부하직원들이 있는 사무실, 어느 쪽이 나을까? 일단 능률은 생각하지 말고, 사람들의 만족도만 가지고 생각해보자. 이 문제는 영화 〈죽은 시인의 사회〉가 한 질문일 수도 있다. 좀 더 자유분방하게 학생들의 개성을 촉발시키는 교육을 하는 교사와, 학생들을 교과서로 상징되는 질서 속에 묶어놓으려는 학교, 어느 쪽이 궁극적으로 나을까?

수직적 조직과 수평적 조직의 차이점같이 직접적으로 계량하기 어려운 질문에 대해 경제학에서는 종종 '지불의사willingness-to-pay'라는 개념을 사용한다. 소비자가 특정 재화에 과연 얼마만큼의 비용을 지불할 의사가 있는가, 설문조사 같은 방식을 사용해서 계측하는 것이다. 깨끗한 공기를 위해서 얼마만큼의 돈을 지불할 의사가 있을까? 혹은 남산이 지금 상태를 유지하도록 하는 데 얼마만큼의 돈을 지불할 수 있을까? 이런 종류의 무형적 가치를 측정하는 데 사용한다. 경제가 발달할수록 보이지 않는 것, 간접적인 것에 대한 지불의사가 높아지는 경향이 있다. 구공탄을 난방에 사용하던 시절, 우리도 겨울이면 아황산가스 등 황과 관련된 대기오염이 심했다. 그러자 발열량은 같아도 좀 더 깨끗한 연료에 대한 지불의사가 사회적으로 높아졌다. 석탄 대신 석유 그리고 다시 도시가스와 전기가 도입되었다. 이황산가스로 인한 겨울철 대기오염 문제는 이제 어느 정도 해소되었다.

우리에게 민주주의에 대한 지불의사는 얼마나 될까? 가장 무식하게 계측하는 방식은 지난 박근혜 시절의 촛불집회에 참여한 연인원을 추정하고, 평균 일당을 곱하는 방식이다. 여기에 교통비까지 더하면 1차적으로 사람들이 민주주의를 위해 지불한 비용이 나온다. 이 방식은 드러난 최소한의 비용을 우리에게 제시해주기는 하는데, 좀 무식하다. 실제 집회에 나오지는 않았어도 많은 사람들이 다양한 직간접적 방식으로 자신의 의사를 표시하는 행위를 했다. 현실적으로 그 모든 비용을 다 계산하기는 어렵다. 그래서 "민주주의는 피를 먹고 자란다" 같은 추상적 표현을 쓴다. 피의 가치는? 아니, 피의 가격은? 주관적 평가가 많이 들어가기 때문에 계측이 어렵다.

만약에 우리가 개개인이 갖는 직장 민주주의라는 추상적 재화의 가치를 평가한다면? "당신은 직장 민주주의라는 제품을 구매하는 데 얼마의 돈을 내시겠습니까?" 이렇게 적힌 설문지를 놓고 여론조사를 하면 수치를 알려주는 결과가 나오기는 할 것이다. 만약 회사의 마케팅 부서에서 직장 민주주의라는 제품을 개발하고 판매해야 한다면, 억지스럽기는 하겠지만 유사한 과정을 거쳐서 이 제품에 대한 고객들의 구매의사를 추정할 것이다. 직장 민주주의는 일종의 추상적 제품이기도 하고, 매우 특수한 서비스 품목일 수도 있다. 그리고 그 구매자는 1차적으로는 그 사무실에서 일하는 직장인들, 2차적으로는 그곳에서 일하고 싶어하는 예비 취업자일 수 있다.

사람에 따라 취향이 다르게 마련이다. 어떤 사람에게는 수평적 관계가 돈을 더 지불해서라도 사고 싶은 선호재인 반면, 어떤 사람에게는 돈을 더 지불해서라도 피하고 싶은 기피재이기도 할 것이다. 누군가는 직장 민주주의보다 좀 더 봉건적이고 전근대적이며, 군대식으로 일사불란한 수직 체계를 더 좋아할 수도 있다. 민주주의가 원래 그렇다. 그걸 갈망하는 사람이 있는 반면, 민주주의가 왜 필요한지 모르겠다는 사람이나, 심지어 민주주의 아래에서는 불편해서 못살겠다는 사람도 있다. 독재를 선호하고 파시즘을 선호하는 사람들이 없는 것은 아니다. 이런 다양한 사람들 사이에서 최악의 조합은 민주주의를 싫어하는 사람들이 권력을 잡고, 민주주의를 원하는 사람들에게는 의사결정권이 없는 경우일 것이다. 불행히도 대한민국에 있는 대부분의 직장은 지금까지 이런 조합이었다. 군대식 조직에 익숙한 50대 간부와 군대식 조직을 혐오재로 생각하는 40대 이하의 직장인들…

2018년 4월 미디어윌이 직장인 587명을 대상으로 실시한 설문조사는 사원, 대리 직급과 과장 이상 직급의 기업에 대한 전혀 상반된 생각을 보여주었다. 선호하는 조직 문화에 대해 대리 이하의 40.2%는 '일과 사생활을 철저히 구분하는 문화'를 선택했고, 과장 이상의 41.8%는 '서로 챙겨주는 가족 같은 문화'를 선택했다. 간단히 표현하면, 중간 간부 이상, 즉 나이가 좀 든 사람들은 회사가 가족처럼 돈독하기를 바란 반면, 대리 이하의 젊은 직장인들은 회사가 가족같이 끈적거리지 않았으면 좋겠다고 답변한 것이다.

시대는 변하고 사람들도 변한다. 제발 회사가 가족 같지 않았으면 좋겠다는 사람들과 회사를 가족으로 생각하는 사람들이 같이 일해야 하는 상황이다. 회사 차원에서 다 같이 등산 가면 좋겠다고 생각하는 사람들과, 등산만은 가지 않았으면 좋겠다고 생각하는 사람들이 같이 지내게 되었다. 결국 회사는 어떤 결정을 할까? 나이 많은 사람들이 좋아하는 등산을 가기로 결정한 회사는 아직 직장 민주주의와 거리가 멀다. 그나마 등산은 가지 않기로 한 회사는 직장 민주주의에 조금 가깝다.

이 문제를 다른 나라에서는 어떻게 처리하는지 좀 물어봤다. 일본에서는 일부 제조업 회사가 후지산 같은 데 1년에 한 번 정도 가기는 간다고 한다. 그렇지만 젊은 직원들이 참여하는 경우는 거의 없다고 한다. 유럽에서는 어떻게 하는지 물어봤다가, 창피만 당했다. 유럽에 무슨 산이 있다고 등산을 해? 이게 첫 번째 반응이고, 진짜로 회사에서 휴일에 단체로 어디 나가서 놀자고 하면, 노조에서 가만 있지 않을 거라는 것이다. 상상도 할 수 없는 일이란다. 진짜로 그런 일이 벌어지면, 이사회에 올라갈 사안이라는 답변을 들었다. 등산이야 가도 그만, 안 가도 그만일 수 있다. 다만 여러 의사결정을 어떤 방식으로 내리는가, 이게 직장 민주주의의 진짜 질문이다.

이 모든 것을 고려해 우리가 수평적 관계에 대해서 얼마만큼의 지불의사가 있는지 추정해보자. 민주당으로 이직한 한국당 보좌관들이 보여준 것은, 비록 정치적으로 보수라도 '젊고 유능한' 이들은 같은 조건, 같은 연봉이라면 수평적 조직을 선호한다는 것이다. 이 경우에는 이직을 위한 비용이 곧 지불의사가 될 것이다. 같은 조건, 같은 연봉이라도 이직에는 직간접적 비용이 든다.

자, 그럼 이직 비용을 넘어서는 추가 비용이 드는 경우에는? 간단하게 연봉의 차이로 생각해보자. 하는 업무 등 많은 것이 같은 조건인데, 수직적 조직에서 수평적 조직으로 옮겨갈 때 연봉이 낮아진다고 가정하자. 어느 정도의 연봉 차이를 감수하고 이직을 할 것인가? 이 연봉의 차이가 현실적으로 수평적 조직에 대한 한국 직장인의 지불의사라고 할 수 있다. 100만 원? 500만 원? 1,000만 원? 얼마까지 연봉 하락을 감수할 수 있을까? 이 비용이 높으면 높을수록 직장 민주주의에 대한 선호도가 높다고 할 수 있고, 직장 민주주의를 선호하는 '잠재성'이 높다고 할 수 있다. 이 비용이 클수록 실제로 직장 민주주의 쪽으로 갈 가능성이 높다. 이미 취직한 사람들의 이직 외에도 아직 취업하지 않은 사람들의 직장 선호도에 바로 영향을 미칠 수 있다.

중소기업 중에는 회사 차원의 복지가 우수하고, 덜 위계적이고 더 자유로운 분위기의 기업들이 이미 많이 있다. 그런 회사들은 대기업 못지 않은 입사 경쟁률이 나온다. 대기업 분위기나 조직은 다 거기서 거기라 아직 우리에게 많은 선택권이 있는 것은 아니다. 그러나 변화는 이미 시작되었다. 20~30대의 문화는 이제 기존의 한국 기업과는 잘 어울리지 않는다. 사람이 바뀔 것인가, 회사가 바뀔 것인가?

팀장님
나빠요

화나도 참아야 해, 슬퍼도 참아야 해

그렇게 사는 게 인생이잖아

오늘도 내가 참는다

_영화 〈주유소 습격사건〉 OST 중 〈오늘도 참는다〉

팀장이라는 단어처럼 어색한 단어도 없을 것 같다. '팀team'이라는 영어에 우두머리를 뜻하는 한자어 '장長'을 붙여 만든 단어. 마찬가지로 센터장, 그룹장 같은 단어도 좀 이상한 단어들이다. 팀장이라는 말이 어색하지 않은 사람은 1997년 IMF 경제위기 이후에 입사한 사람들일 가능성이 높다. 그전에는 부장, 차장 등으로 이어지는 직급 체계가 일반적이었는데, IMF 경제위기 이후 팀장이라는 족보 없는 직책이 새로 생겼다. 원래의 직급과는 상관없이 더 유능한 사람이 있으면 그 사람을 중심으로 팀을 구성하겠다는 의도였다. 나라가 한번 망할 뻔했다가 다시 살아나면서 나이 많은 부장들 대신에 더 유능한 과장급, 필요하면 대리급이 팀을 이끌어나갈 수 있게 하겠다는 취지였다. 그렇게 한국 기업들에 팀제가 도입되었다. 그리고 같은 흐름에서, 일한 만큼 돈을 주겠다는 연봉제도 함께 도입되었다. 지금은 전설 같은 얘기가 되어버렸지만, 하여간 팀제는 좀 더 유연하고 수평적인 조직을 만들기 위해 도입되었다. 거칠게 얘기하면, 나이가 들어서 자동으로 부장이 된 사람들의 권한을 좀 줄이고 젊은 사람들이 움직일 수 있게 하자는 것이 원래의 취지다. 좀 더 젊은 사람들에게 더 많은 권한을, 좀 더 유능한 사람들에게 더 많은 연봉을…

어차피 정규직 소대를 이끄는 건 마찬가지인데, 그 이름이 부장이든 조장이든 반장이든 혹은 팀장이든 무슨 차이가 있겠는가? 그게 그거 아닐까? 부장 시절을 돌아보면, 부장이라는 직급이 어마어마하게 높아 보이지만, 사실 부장이 부원들에게 엄청난 권한은 없었다. 뭔가 있을 것 같은데 별게 없는 것, 그 시절의 부장이었다. 물론 부원이 부장한테 밉보이거나 부장과 사이가 좋지 않으면 좀 피곤하기는 했지만, 그런 이유로 회사를 그만두는 사람은 거의 없었다. 문제 생기면 1년 기나려서 정기인사 때 다른 부서로 옮기면 그만이다. 순환보직이 마침 유행이었다. 부장이든 그 밑의 부원들이든, 잠시 스쳐 지나가는 순간의 인연이다. 우린 원래 그렇게 살았다.

지금은 다르다. 호봉제의 틀은 기본적으로 유지하면서도 인센티브 등 개별적으로 차등화된 연봉제가 도입되었다. 인사평가는 이제 팀장 재량에 달렸다. 팀장이 직접 평가하는 요소들도 있고, 외부 평가를 받기도 한다. 그렇지만 외부 평가에 필요한 실적을 낼 수 있는 업무를 팀원에게 주거나 말거나 상당 부분 팀장 재량이다. 원래의 제도 설계로는 팀장에게 연봉 결정권까지 준 것은 아니지만, 결과적으로 팀장 손에 달리게 되었다. 무능한 직원도 팀장이 밀어주면 더 좋은 고과를 받을 수 있다. 반대의 경우도 얼마든지 가능하다. 원래는 이렇게 군대식 수직 계열로 조직 구조를 만든 것이 아닌데, 연봉제와 결합되면서 한국의 팀장제는 이전의 부장 시절보다 더 수직적이고, 더 군대 같아졌다.

우리의 직장 설계 구조상 팀장의 권한이 너무 강해질 가능성이 높다. 게다가 대기업의 공채는 이 문제를 더욱 강화시킨다. 대학교 동아리도 아닌데, 선후배 현상이 발생하고, 때때로 기수 현상까지 생겨난다. 팀장이자 까마득한 선배이자 관련 업계의 능력자이기까지 하다면, 누가 여기 한마디라도 할 수 있겠는가?

"내가 팀장으로서가 아니라 선배로서 너한테 충고하는데…"

운 좋게 아주 나쁘지 않은 팀장을 만나면 행운이고, 정말 재수 없게 '사이코'를 만나면 도망갈 틈이 없다. 게다가 이직시에도 동료 평판을 물어보는 게 일반적인 분위기라서, 사장하고는 싸워도 팀장하고 싸웠다가는 회사만 옮기는 게 아니라 관련 업계 자체를 떠나야 하는 어처구니없는 일이 벌어질 수도 있다. 자, 이 부당함은 어디에 호소해야 하는가?

직장을 그만두는 이유가 오너 혹은 오너 일가와의 불화인 경우는 극히 드물다. 오너의 경영방침이 불합리해서 그만두는 사람은 정말로 보기 어렵다. 3세 승계에 반대해서 회사를 그만둔 사람은 아직 못 봤다. 물론 정치적인 이유로 그만둔 한국 공무원도 아직 못 봤다. 클린턴Bill Clinton에서 부시George W. Bush로 미국 행정부가 넘어갈 때 이에 반발해서 그만둔 미국 국무성의 실무급 공무원은 본 적이 있다. 그렇지만 매우 드물다. 큰 조직에서 사장하고 싸우고 그만두는 경우도 그렇게 흔하지는 않다. 회사를 그만둘 때, 대부분의 이유는 팀장과의 불화 아니면 팀장의 무책임한 태도에 있다.

팀장과 팀원 혹은 본부장과 부하직원 등 조직 실무라인 내부에서 매일 수많은 사연이 생겨난다. 회사가 꼭 자본의 법칙에 충실하게 움직이는 것만은 아니다. 괜히 누가 누구를 따돌리는 일, 성희롱 사건에서 '회사를 위해' 참으라고 강요하는 일이 수익률 극대화 같은 자본의 법칙 때문에 벌어지는 것은 아니다. 그렇다고 그 하나하나의 사건에 대해서 사장이 "이건 이렇게, 저건 저렇게", 매번 결정하거나 지시하는 것도 아니다. 어디까지가 사장, 대표, 이사장 등 다양한 이름의 경영진으로부터 내려온 명령인지, 어디서부터 팀장이 내린 결정인지, 사실 알기가 어렵다. 뭔가 부당하고 잘못된 것 같은데, 자본의 법칙도 아니고, 사장이 시키는 것도 아니고, 이건 뭐지? 이렇게 조그맣게 외칠 수밖에 없다.

"팀장님 나빠요."

큰 권력은 무섭지만, 작은 권력은 끈적끈적하다. 피해갈 방법이
별로 없다. 회사의 벽은 견고하고, 사람들은 기업 안에서 벌어지는
일이라면 그냥 참아야 한다고 생각한다. 우리 시대의 상식이 그렇다.
진짜 나쁜 팀장 현상이 벌어지면? 사직서 내거나, 하루하루 그냥 참
아내는 것 외에는 방법이 없다. 계속 이렇게 지내야 하는 것일까? 군
대 복무기간은 점점 줄어서 이제는 21개월만 참으면 되지만, 군대같
이 움직이는 혹은 그보다 더 괴로울 수도 있는 직장 내의 문제는 어
디 호소할 데도 없다. 그리고 그 대가는 가혹하다.

위에서 아래까지, 팀장에서 '막내'까지, 우리는 숨 쉴 틈 없이 위
계를 만든다. 그리고 짧은 시기의 차이로도 학번을 따지고, 선후배를
구분한다. 회사 안에서는 여기에 연봉까지 끼어들어 더욱 복잡한 위
계가 형성된다. 그런데 위계를 정해놓았다고는 하지만, 회장님 아들
딸이며 처제며 처남까지, 별 상관도 없는 온갖 낙하산들이 그냥 치
고 올라온다. 사실 우리가 회사 안에서 위계라고 하는 관계는 대부
분 거짓이다. 철저한 것 같지만 편의에 의해서 만든 것일 뿐이다. 부
당한 일 앞에서 이 위계질서는 잠시 정지한다.

팀장
연수원

우리 사회 전체의 민주주의 수준에 비하면 지금 우리의 직장들, 특히 민간기업의 민주주의 수준은 현저히 떨어진다. 그리고 이 문제가 개개인의 행복을 줄이는 정도를 넘어서 국가 경쟁력을 저해하는 수준까지 왔다. 흔히 '미스매칭mismatching'이라고 부르는, 청년들이 중소기업을 선호하지 않는 문제의 요인 중 하나가 바로 낮은 수준의 직장 민주주의이기도 하다. 청년들에게 눈높이를 낮추라고 하지만, 사실 그들 입장에서야 잘 모르는 상황에서 아무 직장이나 선택하기가 겁나는 것이 당연하지 않은가? 제조업의 경쟁력 약화에는 청년들이 가고 싶어하지 않는 기업이라는 근본적 문제가 개입하고 있다. 연봉만 낮은 게 아니라 복지도 원하는 만큼은 아니고, 무엇보다도 부당한 대우를 받는 경우에 대한 제도적 보완책이 없다. 이런 문제를 단

시간에 '해결'은 아니더라도 '완화'할 수 있는 정책 메커니즘을 생각해볼 수 있을까? 아주 불가능하지만은 않다.

원인을 생각해보자. 모든 일의 기원을 따져보면 높은 곳에서부터 문제가 생겼을 가능성이 높다. 회사가 엉망이 되는 것은 오너나 이사회의 잘못된 결정이나 부당한 관행 때문인 경우가 많다. 더 거슬러 올라가면, 많은 자본을 가진 사람과 그렇지 않은 사람이 존재하고, 누군가는 자본을 굴리고 누군가는 일을 해야 한다는 근본적 모순까지 올라갈 수도 있다. 맞는 말이다. 그렇지만 우리 일상의 삶을, 그것도 전면적이 아니라 부분적으로 개선하기 위해서 자본주의의 모순부터 고쳐야 한다는 것은 너무 위까지 올라간 이야기다. 인간의 탐욕이 자본주의를 작동하게 하는가, 아니면 자본주의가 인간을 탐욕스럽게 만드는가? 직장 민주주의를 논하며 이렇게까지 근원적인 질문을 던지지는 않아도 좋을 것 같다. 독일이나 북유럽의 많은 회사들이, 모두 깨우친 직원들과 심오한 성찰을 거친 리더들에 의해서 움직이겠는가? 호모 사피엔스의 능력치는 다 거기서 거기다. 크게 보면 기업은 사회 문화의 영향을 받고, 작게 보면 개별 기업 구조의 영향을 받는다.

회사 내에서 의사결정이 집중되는 지점 두 개를 꼽으면 대표 혹은 사장 같은 최상위가 한 축이고, 실무진 내에서는 팀장이 또 다른 한 축이다. 물론 회사에서 벌어지는 근본적인 문제들은 오너나 사장에게서 오는 경우가 많다. 그렇지만 아주 작은 회사가 아니라면 보통의 직원들이 사장과 부딪힐 일이 그렇게 많지는 않다. 일상적인 직장 생활에서 실제로 부딪히는 문제들은 팀장급에서 생기는 경우가 대부분이다. 팀장이 직원들한테 너무 관심이 많아도 피곤하고, 너무 무관심하거나 무능해서 직원들 사이에 벌어지는 일들을 제대로 조율하지 못해도 문제다. 팀장들이 별 역할 없이 연봉만 챙기고 실패하는 사업비만 지출한다고 창가 쪽 팀장들 자리를 '악의 축'이라고 부르는 경우도 보았다. 간호사들 사이에 벌어지는 '태움'을 살펴보다가 상급자의 무관심에 대한 얘기도 듣게 되었다. 사람이 자살하거나 자살을 시도할 정도로 문제가 심각한데도, 팀장급에서 전혀 모른다는 것이 상식적으로 이해가 가지는 않았다. 그러나 그런 일은 종종 벌어지는 것 같다.

사람이 같은 일을 오래 하다보면 일정 수준 이상의 전문가가 되는 것은 사실이다. 그러나 그게 꼭 누군가를 통솔하는 좋은 리더가 된다는 의미는 아니다. 나이 많은 팀장들이 소속 팀원들을 '우리 애들'이라고 부르는 경우를 보았다. 그러나 '애들'이라고 불려서 기분 좋을 성인은 없다. 그 정도는 기본적인 매너에 해당하는데, 이런 건 좀 아니라고 가르쳐주는 사람도 없다. 본부장급 임원이 팀장에게 이런 소소해 보이는 일로 뭐라고 할 것 같지도 않다. 임원이 별걸 다 지적한다고 발끈하면서 난리 칠 팀장들 많을 것이나. 또 팀장이 '부하들'이며 '애들'이라고 철저히 믿는 그 직원들이 "팀장님, 우린 애들 아니에요", 말하기도 쉽지 않은 분위기다. 보통은 그냥 입 다문다. 서로 기분 안 좋은 상태에서, 아주 기능적인 대화만 진행된다. 하다못해 젠더 문제와 관련해서는 기본적인 사항을 기업들에서 어느 정도 교육을 하는 추세다. 그런데 팀장들 교육시키는 것이 그렇게 어려운 일일까?

신입직원을 비롯해서 대기업의 많은 직원들이 업무 연수를 받는다. 법관은 처음 일을 시작할 때 사법연수원에서 2년 연수를 받는다. 공무원의 경우는 역량 강화를 위해서 주기적으로 연수를 받는다. 그런데 각 직장에서 가장 중요한 역할을 하는 초급 지휘관인 팀장이나 중간 간부들에 대해서는 특별한 교육이 없다. 우리가 조직의 구성이나 운용에 대해서 깊이 생각해보지 못해서 그렇다.

현대적 기업의 모태가 군대라는 사실은 잘 알려져 있다. 그렇지만 군대와 기업에 소소한 차이가 있다면, 군대에서 지휘관은 사병과 다른 별도의 교육 과정을 거친다는 것이다. 엘리트 군인에 의한 지휘 계통, 그게 꼭 좋다는 얘기를 하려는 것이 아니다. 그렇지만 누군가를 지휘하는 데 일반 사병과는 다른 지식이 필요할 수도 있지 않을까? 우리의 팀장들이 자신의 업무에 대해서 잘 아는 것과 리더로서 무엇을 어떻게 해야 할지를 잘 아는 것은 다른 얘기 아닌가?

하려고 들면, 기업 등 직장에서 새로 임명된 팀장들에게 직장 민주주의를 교육받도록 할 수 있을 것이다. 기업별로 자체 교육이 가능하다면 제일 좋겠지만, 이 정도는 정부에서 일괄적으로 교육기관을 만들어서 지원하는 방식도 크게 문제는 없을 것이다. 기업이 직접 이런 교육 행정을 처리하기 어렵다면 중앙정부 차원과 지방정부 차원에서 '팀장 연수원' 같은 교육기관을 만들 수 있다.

팀장 민주주의가 무슨 엄청난 교육이 필요한 것은 아니다. 팀원들을 대하는 자세, 수평적으로 대화하는 방식, 의사결정을 내리기 위해서 협의하는 과정 같은 것들이다. 이런 기본적인 직장 민주주의의 내용을 새로 임명된 팀장들이 배워둬서 나쁠 건 없다. 이 정도로도 효과가 있을까? 팀장 민주주의가 한 명 한 명의 인간성을 개조해 완성된 사람, 아니 완성된 팀장을 만드는 거창한 목표를 가지고 있는 것이 아니다. 다만 요즘에는 이런 개념이 있음을 인식하는 정도, 진짜 '개념 탑재' 정도로도 지금 우리가 겪는 많은 문제들을 해소할 수 있을 것이다.

작게는 팀장들, 조금 넓게는 임원들이 직장 민주주의에 대해서 기본적인 것은 좀 알아야 한다. 임원이 되어서 회사 오너에게 목숨을 바쳐 충성하겠다는 다짐을 하는 전근대적 방식으로 21세기의 글로벌 기업을 이끌어나가는 것, 이건 좀 아니지 않은가?

직장 민주주의
인증제

기업이 원활하게 움직이게 하기 위한 교육과 점검, 이런 것들을 요즘은 경영 시스템이라고 부른다. 그리고 특정 부분에서 경영 시스템을 갖추었는가를 점검하는 장치가 기업 인증제이다. 국제 표준이 있는 경우에는 그냥 국제 인증을 받는 게 가장 간단한 방식이다. 즉 ISO(국제표준화기구)의 인증을 받는 것이다. 예컨데 아시아나항공은 품질이나 환경 같은 분야는 ISO의 인증을 받았다. 그렇다면 기업에서 직장 민주주의 인증을 받을 수는 없을까?

직장 민주주의에 관한 인증은 아직 없지만, 여성가족부에서 기존에 운영해온 가족친화 인증제를 응용해볼 수 있다. 이 제도는 자녀출산이나 양육지원, 유연근무제도 등 가족친화적인 제도를 모범적으로 운영하는 기업에 '가족친화 인증'을 부여한다. 제도가 도입된 것은 2008년이다. 초기에는 하는 둥 마는 둥, 별 관심 없었다. 그러다가 2017년에 중앙부처와 지자체 그리고 공기업을 가족친화 인증 의무 대상으로 지정하면서 강화되었다. 기업뿐 아니라 공공기관도 인증을 받으라는 얘기다. 2017년 기준으로 의무 대상 768개 공공기관 중 750개가 인증을 받았고, 전체적으로 2,802개 기업이 인증을 받았다. 아시아나항공도 인증을 받았다.

지금 존재하는 다양한 인증제가 진짜로 힘을 발휘하는 순간은 재인증을 받을 때다. 가족친화 인증은 3년이 주기다. 처음에는 좀 쉽게 인증을 내주더라도 3년 동안 기본 시스템을 갖추게 하는 것도 나쁜 방법은 아니다. 기업 입장에서는 신규인증을 받을 때는 티가 별로 안 나지만, 재인증에 실패했을 때, 즉 '잘렸을 때'는 좀 타격을 받는다. 공무원이나 공기업이라면 인증 탈락이 좀 낭패스러운 일이다. 의무 인증의 경우는 대개 기관의 성과급도 연동된다. 잠깐 창피하고 끝나는 게 아니라 현실적으로 연봉도 깎인다.

품질 인증이나 친환경 인증 혹은 가족친화기업 인증 등이 직장 민주주의 인증과 겉으로는 달라 보여도 기업 입장에서는 아주 다른 분야가 아니다. 하고 싶지 않은데 그 사회가 "이런 것도 좀 하세요" 하고 요구하는 항목들이다. 그런 차원에서 정부가 기업에 직장 민주주의 인증을 요구할 수 있다. 팀장들이 간단한 직장 민주주의 교육을 이수하게 하고, 팀장으로 인해 심각한 문제가 생겼을 때 팀원이 이를 이사회 등에 '어필'할 수 있는 항의 절차를 갖추게 할 수 있다. 그리고 팀장들이 지켜야 하는 직장 민주주의 표준 매뉴얼 정도는 기업이 개별적으로 만들게 할 수 있다. 팀장들이 알아야 할 민주주의 매뉴얼? 웃자고 하는 얘기 아니다. 매뉴얼이라고 해봐야 거창한 것이 아니라 겨우 몇 페이지 안짝의 책자일 테지만, 그렇게 서류를 만들어 놓는 것과 각자 알아서 하라는 것은 시스템 자체가 완전히 다르다.

매뉴얼이 무슨 소용이냐고 생각하는 사람들이 있겠지만, 품질 관리와 같은 현대 경영 시스템은 매뉴얼을 갖추는 것으로부터 시작한다. 말은 거창해서 품질관리라고 하지만, 그 핵심은 불량률을 줄이는 것이다. 6시그마 단위로 불량률을 줄이는 '6시그마 경영' 혹은 소수점 세 자리까지 맞추는 정밀 품질 기업 '쓰리나인'에 관한 얘기들이 세계적으로 유행했다. 그 핵심이 매뉴얼을 만들고, 점검하고, 공정의 오류를 개선하는 과정으로 구성되어 있다. 직장 민주주의라는 이름의 조직관리가 품질관리와 크게 다르지 않다. 좋은 팀장, 나쁜 팀장, 무능한 팀장이라는 분류 사이에 '불량 팀장'이 숨겨져 있다.

매뉴얼을 만든다는 게 결코 소란스럽거나 유난스러운 일이 아니다. 팀장들이 숙지해야 할 기본적인 사항과 행동 요령을 담은 매뉴얼을 만드는 것이 기술적으로 복잡한 다른 경영 시스템 인증 구축에 비해서 어려운 일도 아니다. 주로 조직 내부에서 이행할 수 있는 '직장 민주주의'보다 몇 배로 포괄적이고 어려운 '사회적 책임'은 ISO 26000이라는 이름으로 표준화가 진행 중이다.

결국 핵심은 한국 자본주의의 운용 방식을 결정하는 사회적이고 철학적인 선택일 뿐이다. 만약 정부에서 가족친화기업 인증제를 도입하듯이 직장 민주주의 인증제를 도입한다고 결정한다면, 이것은 앞으로 한국 자본주의의 운영과 성격을 결정하는 일이 될 가능성이 높다. 일단 결정이 되면 기술적인 문제는 이런 종류의 표준화로 먹고 사는 경영 컨설팅 회사나, 자격을 갖춘 유사 부문의 인증사가 얼마 든지 해결할 수 있다.

기업 인증제도가 실제 작동하게 하기 위해서 정부가 쓰는 가장 일반적인 방식이 정부 입찰이나 정부 조달제도와 연동시키는 것이 다. 기업이 정부 입찰이나 조달을 받으려면 정부가 요구하는 인증을 받도록 하는 방식이다. 그러나 한국 직장에 민주주의를 빠르게 장착 시키기 위해서는 좀 더 강한 기준을 두어도 좋을 것 같다. 예컨대 가 족친화기업 인증제도처럼 직장 민주주의 인증을 반드시 받도록 의무 제를 지정하는 것이다. 중앙부처부터 솔선해 직장 민주주의를 확립 하면 많은 공공기관과 기업들이 뒤를 따를 것이다.

청와대라는 직장은 민주적일까? 중앙부처를 직장 민주주의 기 업으로 지정하면 청와대도 내부에서 지나치게 강압적으로 일을 하 면 안 된다. 상명하복을 골자로 하는 '검사동일체'라는 이상한 원칙 을 오랫동안 유지하던 검찰은 물론 법무부도 일정 수준의 팀장 민주 주의 정도는 지켜야 한다. 직장 조직의 눈으로 볼 때 팀장이 사장에 게 충성하는 것이 전부가 아니듯, 공무원 과장도 장관에게 충성하는 것이 전부는 아니다. 우리나라 공무원 조직과 공기업의 많은 문제가 해소되거나 완화될 것이다.

생각해보자. 정부의 돈으로 움직이는 곳은 무수히 많다. 어린이집에서 대학교까지, 민간과 국공립을 가리지 않고 대부분의 공식 교육기관이 해당된다. 건강보험 역시 공공의 돈이다. 규모를 가리지 않고 약국과 병원 그리고 한의원까지, 모든 의료기관이 해당된다. 이뿐인가? 정부의 지원은 손톱만치도 받지 않는 상업영화와 연예기획사를 제외하면 연극 등 공연예술계의 거의 전 기관이 포함된다. 일단 직장 민주주의를 확립하자는 정부 방침이 정해지면 우리 일상과 관련된 상당 분야가 최소한 무지막지한 민주주의 예외지역처럼 작동할 위험은 현저히 줄어들게 된다.

물론 그런다고 모든 공조직의 문제가 다 해소되는 것은 아니다. 행정 구조상, 대법원 등 법원과 국회에 직장 민주주의를 정부가 강제할 수는 없다. 삼권분립 아래에서 법원과 의회는 스스로 자신들의 직장 민주주의를 결정해야 한다. 그래도 사회 전반에 일반적인 흐름이 생기면 법원과 의회만 고립된 채 폐쇄적 직장 운영 방식을 계속해서 고집하지는 않을 것이다.

그냥 결정해서 시행하면 되는 공공부문과 달리 민간기업에 대해서는 좀 더 정교한 설계가 필요하다. 최소한만을 생각한다면 정부 입찰이나 조달에 직장 민주주의 인증 의무를 조건으로 걸면 된다. 예를 들면, 대규모 토목사업에 입찰하거나 학교 급식에 식재료를 납품하려면 최소한의 직장 민주주의 인증은 받으라고 요구하는 방식이다. 최소한이기는 하지만 파장은 작지 않다.

많은 대기업들이 정부의 연구개발 프로그램에 참여한다. 물론 정부 연구지원 같은 거 안 받겠다고 버티면 그만이다. 그렇지만 정부의 토지 불하에 참여해서 아파트를 짓거나 공공사업에 참여하는 건설업체들 대부분이 인증 대상이 된다. 건설사 직원들은 업무 현장이 다 다르기 때문에 노동조합이 특히 약하다. 그 안에서 민주주의와 거리가 먼 일들이 벌어져도 노조로부터 최소한의 도움을 받기도 어렵고, 노조가 경영진을 견제하기도 어렵다. "정부 공사 수주 받으시려면 일단 팀장들 교육부터 시키시라", 이 정도만 할 수 있어도 지금보다는 상황이 많이 개선될 것이다.

소규모 회사들 또한 중소기업에 관한 많은 지원을 받는다. 기술 관련 지원도 받고, 노동 관련 지원도 받는다. 하다못해 청년들 고용할 때도 자금 지원을 받는다. 이런 지원금의 전제 조건으로 작은 회사들의 직장 민주주의 인증을 정부가 체계적으로 요구하면 많은 변화가 생길 수 있다.

기업 경영은 이윤을 내는 것이 전부라고 생각하는 사람들이 있다. 지금은 그렇지 않다. 품질경영, 환경경영은 기본이고 윤리경영이나 가치경영 등도 국제적인 경영 표준화의 대상이다. 이런 게 그냥 폼 잡으려고 하는 것이라고 생각하는 사람들도 있지만, 필요한 매뉴얼을 만드는 등 서류 작업부터 실제 진단 및 관리에 이르기까지 시스템을 정착해나가면서 기업도 진화하는 중이다. 직장 민주주의가 이런 기업 표준화의 한 분야가 되지 않을 이유가 하나도 없다. 일단 경영 시스템이 정착되면 그 안에서 다시 경쟁이 일어난다. 오너 리스크로 엄청나게 지탄을 받는 아시아나항공의 경우도 ISO 9000 품질

경영, ISO 14000 환경경영 등 국제 표준인증을 다 자기 돈 써가면서 이미 받았다. 몇몇 기업이 직장 민주주의 인증을 받기 시작하면 나머지 기업들도 이런 데서 밀리고 싶어하지 않기 때문에 알아서 받게 마련이다.

물론 팀장급 및 임원들에게 직장 민주주의 연수를 받게 하고, 인증제도를 운용하는 데는 돈이 든다. 민주주의가 공짜가 아니듯이 직장 민주주의도 비용을 전혀 들이지 않고 얻을 수는 없다. 그러나 각개의 직장에서 민주주의를 정착시키기 위해 개별적인 투쟁과 파업을 진행하던 1987년의 노동자 대투쟁에 비하면 훨씬 더 효율적이고 부드럽게 할 수 있다. '피를 먹고 자라는 민주주의' 방식으로 민주주의를 세우는 것보다 훨씬 더 저렴하게 할 수 있다. 지금부터 민주주의 국가, 민주주의 사회를 만드는 것이 아니다. 상대적으로 민주주의가 지체되어 퇴행적 모습을 보이는 직장들 일부의 변화를 만드는 것이다. 그게 그렇게까지 고통스럽고 많은 사람들의 피를 요구하는 일은 아니라고 생각한다. 비용은 든다. 그러나 최소한의 비용이다.

우리가 집단적으로 행복해지는 가장 확실한 수단은 복지지만, 복지에는 돈이 든다. 그에 비하면 직장 민주주의는 가장 적은 비용으로 우리의 행복도를 높이는 방법이다. 팀장급 혹은 임원급이 조금만 노력하면 직장에 출근할 때 매일 아침 지불하는 '고통'이라는 비용을 많이―전부는 아님!―줄일 수 있다. 나아가 직장 민주주의를 도입함으로써 조직의 실패를 줄이는 만큼 개별 업체만이 아니라 국민경제 전체의 생산성 증가라는 또 다른 차원의 이득을 얻을 수 있다. 독일이나 스웨덴 기업들이 획득한 일종의 절대 경쟁력이 이런 직장 민주주의 위에 서 있는 것 아니겠는가? 평사원이나 대리들의 만족도가 조금 더 높아질 때, 한국 경제의 다음 길이 열릴 것이다.

3장

젠더
민주주의

여자가
서른이 될 때

여성, 특히 솔로로 살아가는 여성들이 가장 심난해지는 나이가 대략 45세 즈음이라고 한다. 폐경기 즈음해서 한번쯤은 내적인 변화를 겪는다고 지적한 것은 에릭 클라이넨버그Eric Klinenberg였다(《고잉 솔로: 싱글턴이 온다Going Solo》). 결혼과는 별개로, 아이를 낳을 것인가 말 것인가, 혼자 사는 여성들은 어떤 결정을 하든 좀 심각하게 한번 고민을 하게 된다는 것이다. 그럴 것 같다.

한국에서 경제활동을 하는 여성들이 가장 존재론적인 고민을 하게 되는 나이는 서른 즈음이라고 알고 있다. 그에 비하면 직장생활 하는 남자들은 서른 즈음에 사실 별 생각 없는 것 같다. 술 마시는 사람들은 계속 아무 생각 없이 술 마시고, 술 안 마시는 사람은 또 안 마시는 대로 그냥 그렇게 살 것 같다.

2017년 한국에서 여성들은 남성 임금의 67%를 받는다(《2018 통계로 보는 여성의 삶》, 통계청). OECD 최하위권이다. 남녀 사이에 수치상의 격차가 크지 않다가 이 격차가 본격적으로 발생하는 연령이 대개 30세 전후다. 남녀 임금 격차에서 결혼은 아직 큰 변수는 아닌데, 출산은 큰 변수다. 출산 전에는 남녀 차이가 거의 없으나 출산을 전후해서 퇴사한 여성들은 직장으로 다시 복귀하기가 어렵다. 무직이 되거나 비정규직의 삶을 살게 될 확률이 높다. 남성은 26.3%가 비정규직인데, 여성은 41.2%다. 그렇게 남성과 여성의 경제적 삶이 크게 한 번 차이 나게 되는 연령이 30세다.

한국의 여성은 어떤 쪽으로든 30세면 결정을 내리게 된다. 하다못해 결정을 유보하는 결정이라도 내린다. 아이를 낳지 않고 남성들과의 레이스를 끝까지 갈 것인가, 아니면 아이를 낳고 불리한 레이스를 받아들일 것인가. 그 누구도 한국의 여성들에게 어떤 결정을 내리라고 조언해줄 위치에 있지 않다. 인생을 건 결정이다. 그 결정에 따라 향후 수억 원의 소득 차이가 발생한다. 인생의 규모와 내용이 바뀐다.

이 결정은 프랑스 여성이라면 할 필요가 없다. 스웨덴 같은 북유럽 국가들도 마찬가지다. 프랑스는 출산 후 직장에 복귀하는 게 당연한 일이다. 출산 후 열 달이 지났는데 복귀하지 않으면 임신 후유증을 겪고 있나 하고 주위 사람들이 걱정한다. 몸매가 출산 전으로 돌아오지 않으면 지적질을 하기 시작한다. "너, 그렇게 살면 안 돼!"(파멜라 드러커맨Pamela Druckerman, 《프랑스 아이처럼Bring Up Bebe》)

한국 여성이 직장에서 한번쯤 만나게 되는 출산과 경제적 삶에 관한 존재론적 결정은, 미안하지만 한국에 태어났기 때문에 강요당하는 일이다. 물론 세계적으로는 아직 여성의 재산권조차 제대로 보호되지 않는 나라들도 있다. 그런 나라들에 비하면 낫다고 할 수는 있다. 그러나 출산 때문에 경제적 삶의 수준이 결정적으로 바뀌는 지금의 상황은 한국이라서 겪는 것이다.

남성들에게 이런 질문을 해보고 싶다. 당신이 만약 그 상황이라면 어떤 선택을 하시겠는가? 나는 서른 즈음, 특별한 생각 없이 덜렁덜렁 출근하고 술 마시고 노는 그런 시간을 반복했다. 가슴에 손을 얹고, 서른 살에 그런 존재론적인 질문 같은 것은 던져본 적도 없다. 그런 문제가 있는지도 몰랐으니까. 아무튼, 여성들은 어떤 길을 선택할 것인가.

첫째, 출산을 포기하고 남성들과 같이 레이스를 하기로 결정한 여성들. 30세에 결정을 내린다고 문제가 끝나는 것이 아니다. 그들은 또다시 45세 전후에 결정적인 벽에 부딪히게 된다. 나름 실무에서 베테랑 위치에 오르기는 했는데, 더 위로 갈 수 있을 것인가, 아니면 계급정년(일정 기간 승진하지 못하고 동일한 계급에 머물 경우, 그 기간이 만료되면 자동적으로 퇴직시키는 제도) 같은 것에 걸려서 후퇴하고 말 것인가. 더 위로 올라가게 되는 여성은 극히 드물다. 한국 남성들이 결정적으로 진퇴를 결정하는 나이는 임금피크제가 적용되는 55세 전후다. 여성은 그보다 10년 전에 이미 심각한 고민에 빠지게 된다. 출산을 포기하고 레이스를 끝까지 뛰기로 결정했어도, 그 결정이 해피엔드가 되기는 쉽지 않다. 높은 산에 올라가면 공기가 희박해서 숨쉬기가 어렵듯이, 위로 올라갈수록 여성들의 자리는 점점 더 희박해진다.

둘째, 아이를 낳기로 결정하고 레이스에서 떨어져 나온 여성들. 그들에게도 또 한 번 결정의 시간이 온다. 대략 40세 전후다. 전문직 혹은 경력직 여성에게 한국의 직장들이 마지막으로 문을 연다. 전 직원을 공채로 뽑던 시절이면 어림도 없는 일인데, 개방직이나 별정직 같은 자리가 생기면서 한 번 더 문이 열리게 되었다. 남녀 구분 없이 열리는 이 문은 정말 좁다. 그렇지만 거의 마지막 문이다.

이런 일련의 일은 경제와 관련된 문제다. 그리고 직장과 관련된 문제다. 여성의 삶에 이런 사이클이 존재하는 것이 정당한 일일까? 그렇게 말하기는 어렵다. 직장이 정상적으로 정비되어 있는 상태라면 여성의 삶이라고 이런 별도의 사이클이 생겨날 이유가 없다.

핸디캡을 넘어,
여성 노동

직장과 여성이라는 주제에 쉽게 접근하기 위해 영화 한 편을 추천한
다. 1978년 미국 뉴저지 주에서 벌어진 실화를 다룬 축구 영화 〈그
레이시 스토리〉를 한번쯤 보기 바란다.

축구선수였던 그레이시의 오빠가 교통사고로 죽는다. 역시 축
구선수였던 아버지의 도움으로 그레이시는 축구를 시작하고 남자들
사이에서 선수로 선발된다. 영화의 클라이맥스는 스트라이커 위치에
서 그레이시가 남자들과 몸싸움을 벌이다 결국 골을 넣는 장면이다.
축구는 대표적인 미초 스포츠다. 남자들 사이의 여자 축구선수, 상
상하기 어렵다. 육체적으로 남성과 경쟁해서 이기는 여성이 존재할
수는 있다. 그렇지만 축구의 역사는 결국 남성과 여성이 섞여 한 팀
을 이루는 방식으로 전개되지는 않았고, 여성팀과 남성팀을 나누는

방식으로 리그가 형성되었다. 〈그레이시 스토리〉는 남성과 여성의 능력을 구분하는 경계선에서 벌어지는 이야기이다. 당신이 남성이든 여성이든, 어느 쪽을 지지하든, 소녀 그레이시가 드디어 결정적 골을 넣는 장면은 감동적일 것이다. 그리고 이건 지금부터 우리가 겪게 될 미래에 관한 얘기이기도 하다.

　지금까지 여성 노동은 핸디캡을 가진 노동과 마찬가지 방식으로 다루어졌다. 백인 남성, 정확히는 미국 주류 계급인 WASPwhite, anglo-saxon, protestant를 기본 노동으로 놓고, 여기에서 불리한 조건을 하나씩 붙여나가는 방식으로 핸디캡 노동을 분석한다. 예컨대 장애인이면 WASP에 속하지 않기 때문에 핸디캡이 있다고 본다. 장애인 노동자들을 어떻게 더 고용하게 할 것인가, WASP와 장애인 노동자들 간의 임금 격차를 어떻게 줄일 것인가, 이런 분석 방식으로 장애인 노동에 접근한다. 흔히 이민자 혹은 이민자 2세인 유색인종 노동시장 분석도 이런 방식으로 진행된다. 이민이라는 요소를 통해서 핸디캡이 발생한다고 보는 것이다. 여성 역시 WASP에 속하지 않으니까 핸디캡이 있다고 분석된다. 한국인이 미국으로 이민 가면 유색인종으로 핸디캡이 하나 붙는다. 만약 한국 여성이라면 핸디캡이 두 개 붙는다. 그리고 장애가 있는 한국 여성이라면 핸디캡이 세 개 붙는다. WASP라고 불리는 백인 남성과 비교하면 2중, 3중의 핸디캡이 발생한다.
　우리나라도 크게 다르지 않다. 여성 노동은 남성 노동에 비해서 불리한 노동, 핸디캡 노동이라고 보고, 어떻게 이 불리함을 줄여나갈지를 생각한다. 정의와 효율성이라는 두 가지 잣대만 놓고 보면 효율성은 좀 떨어지더라도 정의 측면을 강화시켜야 한다는 게 지금까지 우리가 여성 노동에 접근한 방식이었다. 여성 노동은 핸디캡 노동이니까 당연히 더 싼값으로 고용할 수 있을 테고, 그러니 고용을 높이는 대신 임금을 좀 줄이면 어떻겠느냐, 이런 게 남성들이 여성 노동을 대하는 기본 정서다.

그런데 최근에 흐름이 좀 바뀌었다. 여성 노동을 핸디캡 노동으로 여기지 않고 기업의 최상위 수준에서 여성에게 더 넓은 문호를, 그것도 적극적이고 강제적으로 개방하려는 흐름이 생겨났다. 2003년 노르웨이가 여성 임원 할당제를 도입했다. 2010년 프랑스, 2012년 네덜란드도 같은 제도를 도입했다. 독일은 최근에 규모가 큰 상위 100개 기업을 대상으로 여성 임원 30% 할당제를 시행했다. 형식적으로 여성 임원을 한 명 정도 두는 것을 토큰token 방식이라고 하는데, 30%를 강제로 할당하는 것은 단기간에 상승 효과를 보기 위한 극단적인 수단이다. 한두 명의 여성이 임원으로 참여하는 정도로는 변화가 잘 일어나지 않으니까 30% 이상, 대규모로 집단 참여시키자는 것이 이 제도의 목표다. 일부 기업에서는 여성 임원 비중이 너무 높으니까 역으로 남성 비율도 쿼터를 만들어야 한다는 논의가 생겨날 정도다.

이렇게 유럽을 중심으로 글로벌 기업들이 여성 노동력 확대는 물론이고 여성 임원 확대를 적극 추진하다보니, 상대적으로 한국은 더 성평등과는 거리가 먼 국가가 되었다. 국가 차원의 성평등지수도 낮지만, 글로벌 기업들만 놓고 보아도 한국 기업들은 대표적인 남성 기업 위치를 차지하게 되었다. 우리가 안 변한 게 아니라, 남들 특히 선진국 기업들이 너무 빨리 변한 것이다.

물론 많은 나라에서 여성 노동은 여전히 핸디캡 노동이다. 여성들이 여전히 지저분한 일을 도맡고 임금을 많이 못 받는 것도 사실이다. 그런데 유럽 선진국의 대기업들을 중심으로, 경영진과 임원의 여성 비율을 획기적으로 높여야 한다는 공감대가 생겨나고, 실제로 그렇게 하고 있는 이유는 무엇일까?

프로야구에 좌완 파이어볼러, 강속구 투수는 지옥에서라도 데려와야 한다는 말이 있다. 류현진이 그런 좌완 강속구 투수다. 마찬가지로 이른바 초일류 기업들은 생산성 확보를 위해서라면 지옥에까지 갈 존재들이다. 정부에서 여성들 좀 고용하란다고 자기네 지도부를 여성들로 채우는, 그런 고분고분한 사람들이 아니다. 장기적으로 생산성 향상에 의미가 있거나, 기업 생존전략에 도움이 되니까 하는 일이다. 유럽의 여성 임원 할당제는 그런 시각으로 볼 필요가 있다. '정의'를 실현하는 일과 경쟁력을 갖추는 일이 초일류 기업들에서는 따로 움직이지 않는다.

여성 간부를 늘리는 것은 현재로서는 궁극의 직장 민주주의이다. 남성들만 있는 조직에 여성들이 들어가면, 그 자체로 이질성이 생겨난다. 그럼으로써 남성 엘리트들을 중심으로 형성된 일종의 군대식 조직 패턴을 바꾸려는 것이다. 달랑 여성 한 명이 있다고 달라지는 것이 없으니, 의사결정을 좌지우지할 정도로 다수의 여성들을 한꺼번에 지도부에 투입하는 것이다. 남성들끼리의 결탁, 내부 부패, 음성적 결정 과정 따위를 완화시키는 방법의 하나로 여성 임원 할당 제가 활용된다고 볼 수 있다. 마초들은 아니라고 하겠지만, 다양한 종류의 이질성을 확보하는 것이 탈포디즘, 대량생산 대량소비 이후 의 생존 전략이다. 2008년 글로벌 금융위기 이후로 이런 흐름이 더 강화되고 있다. 이미 상당히 투명해진 유럽 기업들에도 이런 변화가 추가로 필요할까 싶지만, 그들이 보기에도 고착화된 관행을 바꿀 필 요가 여전히 있다는 것 아닌가? 이런 시각으로 보면, 최첨단의 직장 민주주의는 젠더 민주주의다. 그리고 젠더 민주주의는 여전히 진행 형이다.

우리는? 경제 최전선에서 어떤 일이 벌어지는지를 군이 보고 싶 어하지 않는 마초들의 자본주의에 갇혀 있다. 우리끼리, 맘 잘 통하 는 남자들끼리만 있으면 좋을까? 그게 바로 '질서정연한 바보짓'이다. WASP도 한국 SKY 대학 남성 엘리트들의 굳건함에 미치지 못한다. 일본 도쿄대가 너무 많은 것을 독점한다고 하지만, 우리의 서울대주 의 근처에도 못 간다. 지금도 70~80년대에 형성된 군대식 남성 엘리 트주의에 의한 '질서정연한 바보짓'을 최고의 실력으로 여기고 있다. 세상에 한국민 존재하면 이래도 된다.

김영란법과 주 52시간 근무, 여성들의 경제 시대

미투 운동이 벌어지자, 고위직 남성들이 "앞으로는 여성들과 식사도 안 하겠다"고 말했다. 2002년 당시 미국 부통령 마이크 펜스Mike Pence가 "아내 외의 여자와는 절대로 단둘이 식사하지 않는다"고 한 말에서 유래한 이른바 '펜스 룰'이다. 그리고 이 상황을 변화에 대한 기득권의 반발, '백래시backlash'로 분석한다. '너희 여자들과는 혹시 문제 생길까봐 밥도 안 먹어', 이런 얘기다.

사적인 영역에서 누가 밥을 먹거나 말거나, 상관할 일도 아니고 신경 쓸 일도 아니다. 그러나 업무와 관련해서 특히 직장 내 여성들은 소외, 정확히는 '왕따'를 걱정한다. 남자들이 자신들과 밥을 먹지 않음으로써 혹시라도 자신에게 생길 수 있는 불이익을 염려하는 것이다. 자, 이 문제를 직장 민주주의라는 시각으로 한번 살펴보자.

고상한 용어는 아니지만 어쨌든 '룸살롱 비즈니스'라는 용어가 있다. 단란주점은 좀 싼 데, 비즈니스클럽은 좀 비싼 데, 이렇게 구분된다. 금융계를 비롯한 여러 분야에서 룸살롱 비즈니스는 군사정권 시절을 거치면서 한국의 표준 비즈니스 방식이 되었다. 안 그런 분야가 있었을까? 어쩔 수 없이 가기도 하고, 그냥 자기가 좋아서 가기도 한다. 이런 곳이 여성들이 있으면 안 되는 장소다. 여성들이 접근할 수 없는 '강한 남자' ─ 혹은 나쁜 남자 ─ 들의 비즈니스였다.

일본도 90년대 초반까지는 우리랑 별로 다르지 않았다. 정확히 말하면 비즈니스와 2차가 엮인 이 요상한 문화를 다 일본에서 배워 온 거 아니겠는가? 한국에 미국 유학생이 그렇게 많고, 미국을 모국으로 생각하는 사회 지도층 인사가 그렇게 많은데 룸살롱 비즈니스만은 왜 일본식을 따를까? 미국 비즈니스에 2차 문화가 있다는 얘기는 들어본 적도 없다. 미국에서 공부했든 유럽에서 공부했든, 오래전 일본에서 배운 재미있는 신선놀음을 하느라고 도끼자루 썩는 줄 몰랐던 게 한국 경제다. 일본은 90년대 초반 버블경제가 붕괴하면서 회사에서 지원하던 업무경비가 급격히 줄기 시작했다. 그리고 공식적인 부서 회식 같은 게 사실상 사라지는 데 10년 정도 걸린 것 같다.

국내에서 룸살롱과 관련된 가장 드라마틱한 변화는 영화 산업에서 볼 수 있다. 전설적으로 내려오는 얘기가 있다. 어떤 유명인사가 당시 막 등장한 박찬욱, 봉준호, 류승완 등 젊은 감독들을 룸살롱으로 불렀다. 원래도 술을 거의 안 마시는 류승완은 우유를 주문했고, 박찬욱은 에스프레소를 주문했다고 한다. 룸살롱에서 우유 사러 나가고, 옆 카페로 에스프레소 주문하러 나가는 일이 벌어졌다. "이럴 시간 있으면 집에 가서 발차기 연습을 한 번 더 하겠네." 류승완이 했던 말이라고 한다.

당시 비슷한 시기에 등장한 다른 감독들과 함께 그 젊은 감독들이 한국 영화의 주류가 되면서 한국 영화 붐이 일어났다. 그런데 진짜 산업 차원의 변화는, 룸살롱 가지 않는 감독들이 집단적으로 등장한 것이다. 그들 이전까지는 영화계에서 주요 결정들이 룸살롱에서 많이 이루어졌다. 심지어는 계약서를 룸살롱에서 쓰기도 했다는 전언이다. 룸살롱 싫어하는 젊은 감독들이 한꺼번에 등장한 것은 우연한 일이다. 누가 주도적으로 정화 혹은 정풍 운동을 한 것이 아니다. 그냥 가지 않게 되었다.

그렇게 영화하는 사람들이 비즈니스를 이유로 룸살롱에 가지 않게 된 지 10년 이상이 흘렀다. 영화감독은 여전히 남성들의 세계이고, 1류 배우도 남성 중심이다. 여성 배우에게는 좋은 역할이 잘 가지 않고, 어쩌다 시도된 여성 단독 주연 영화도 성과가 그렇게 크지는 않다. 밖에서 보면, 한국 영화는 여전히 남성 감독, 남성 배우들이 큰 성과를 거두는 남성들의 세계다. 보이기는 그렇게 보인다.

그러나 시각을 약간 바꿔보자. 중요한 감독들이 룸살롱에 가는 걸 싫어하고, 술 마시는 걸 싫어하는 경우가 생기니까 영화 산업에서 한 가지 중요한 변화가 일어났다. 룸살롱에서 영업하는 관행이 줄어들면서 여성들이 움직일 공간이 상대적으로 늘어난 것이다. 영화 투자사 쪽을 보면 실무 팀장 등 주요 스태프들은 상당수가 여성이다. 영화 투자 업무에서 특별히 남녀 간 젠더에 따른 차이가 있을 이유가 별로 없다. 여성 스태프가 많다고 해서 여성의 취향이나 선호가 특별히 개입하는 것 같지도 않다. 여성이라고 마초 영화에 덜 투자하거나, 여성 관객 취향의 영화에 더 투자하거나 하는 젠더 속성이 발생하지는 않는다. 상업영화 논리대로, 그냥 그렇게 투자들이 결정된다. '공교롭게' 담당자나 팀장이 여성이었다, 그 이상도 아니고 이하도 아니다.

충무로에서 저녁때 한 얘기가, 다음 날 점심때면 제주도 촬영장까지 전부 퍼져나간다는 얘기가 있다. 정말로 말이 많은 곳이다. 만약 영화 투자 결정이 룸살롱에서 은밀하게 이루어진다고 관객들이 생각하거나 의심한다면 어떤 일이 벌어질까? 천만 관객은 더 이상 어림도 없다. 복잡하게 생각할 것도 없이, 공멸이다. 대기업들이 영화 투자사로 진출한 이후에 한국 영화의 자존심이라면, 무능한 투자는 있어도 부패한 투자는 없다, 이 정도가 아닐까 싶다. 뒤에서 영화 투자사 투자팀장 뒷돈 찔러주거나 룸살롱에서 접대하는 따위의 일은 거의 없다.

유능하고 부패한 것과 무능하고 부패하지 않은 것, 어느 쪽이 진짜 유리할까? 개별 기업으로 본다면 적당히 부패하더라도 사업 잘 따오고 돈 잘 따오는 편이 무조건 유리하다. 그러나 산업 전체, 시장 전체로 보면 부패하지 않고 공정한 룰이 관철되는 편이 장기적으로는 훨씬 유리하고 효율적이다. 공정한 선택을 아무도 믿지 못하는 상황, 그게 한국 건설업계 등 주요 산업들이 가지고 있는 한계점이다. 4대강 사업에 주요 건설사들이 전부 모여서 손잡고 컨소시엄 맺는 것, 이게 아직까지 우리나라 경제가 작동하는 방식이다. 만약 한국 영화가 한국 건설처럼 끼리끼리, 짬짜미, 상부상조했다면 한국 영화는 벌써 많은 다른 개도국들처럼 할리우드 영화에 밀려서 흔적도 찾아보기 어렵게 되었을 것이다. 스크린쿼터 감소를 영화 산업이 이겨내게 만든 것은 정부의 영화진흥 기금이 아니라 봉준호, 류승완 등 마침 룸살롱을 싫어하는 젊은 감독들의 등장이었다. 그게 결국 부패하지 않은 영화 투자 결정 과정을 만들었다. 그리고 보너스로, 여성 투자자들의 전성시대가 왔다.

영화 산업에서 우연히 룸살롱 비즈니스가 퇴조한 것과 유사한 흐름이 이제 사회적으로 일어나게 되었다. 김영란법과 주 52시간 근무다. 김영란법은 접대에 제약을 가한다. 같이 일하는 사람들끼리 밥 먹는 게 지금까지는 기본이었다. 그건 사업상 꼭 필요한 지출이라고 여겨졌다. 김영란법은 그런 거 이제 하지 말라는 것이다. 기업들의 접대비 비중이 너무 높다. 정부가 하는 사업들에 결국은 밥 먹고 술 마시라고 주는 업무추진비가 10%가량 된다. 다 비즈니스는 접대라고 생각하던 시절의 관행이다. 서로 밥 사고 술 사는 관행이 줄어들면 수많은 계약과 의사결정이 조금은 더 공정해진다. 물론 일부 자영업자들의 삶은 더 고단해질 것이다. 그렇지만 식당 좀 유지하자고 지금의 부패 관행을 계속 가지고 갈 수는 없지 않은가?

주 52시간 근무제도 작지 않은 변화를 가지고 올 것이다. 식사도 근무의 연장이고, 회식도 필수적인 업무라고 생각하던 시절이 있었다. 몇 년 지나면 많은 직장에서 같이 밥 먹는 것을 옛날 습관이고 구태라고 생각하게 될 것이다. 그리고 굳이 여성을 배제하려는 것은 아니었지만, 회식 후 2차 혹은 야근 후 한잔 속에서 정말 핵심적인 결정을 내리는 관행이 여성들의 업무 능력에 회의를 갖게 하는 요소들이었다. 주 52시간 근무가 자연스럽게 이런 관행을 옛날 일로 만들 것이다.

한때 독일 수도였던 본에는 교통국 본청이 남아 있다. 그 커다란 행정기관에 구내 식당은 물론 제대로 된 매점도 없어서 놀란 적이 있었다. 작은 카페테리아 정도가 있었고, 구비된 빵도 몇 종류 되지 않았다. 우리가 복지국가라고 부르는 나라, 서로 밥 먹으면서 일하지 않는다.

일하는 방식에 변화가 올 것이다. 남성 엘리트들이 밥 먹고 술 마셔가면서 의사결정을 하던 시대가 끝나간다. 주요한 일들은 업무 시간 중에 그리고 밝은 데서 차나 음료수 마시면서 같이 결정하는 방식으로 우리도 변화해나가고 있다. 김영란법과 주 52시간 근무제가 만들어내는 변화는 그쪽이다. 적어도 이런 변화는 은밀한 회식에서 인사 등 중대한 일들을 결정하는 방식보다는 여성들에게 더 유리한 쪽이다. 여성들만이 아니다. 은밀한 권력 체계에 접근하기 어려운 대다수 직장 구성원에게 더 유리한 방식이다.

자, 다시 처음의 질문으로 돌아가보자. 앞으로 여성들과는 밥도 안 먹겠다는 얘기가 여성들에게 무섭게 느껴지는 조직은 직장 민주주의와 거리가 먼 조직이다. 밥을 먹거나 말거나, 그게 일이랑 무슨 상관이냐? 너무 야박한 얘기일지도 모르겠지만, 우리가 만들어낼 앞으로의 직장은 일하면서 같이 밥 먹을 일이 없는 조직이어야 한다. 남자, 여자를 떠나서 같이 밥 먹자고 하는 사람들이 직장에서 별로 환영받지 못하는 시대로 가게 된다. 함께 밥 먹을 일이 없어지면 자연스럽게 여성들이 직장에서 겪는 불미스러운 차별도 줄어들지 않겠는가?

회사복지에서 국가복지로,
직장 육아

"월급만 중요한 게 아니라, 회사복지도 잘 봐야겠죠."

취업을 준비 중인 여대생들에게 취업 조건을 물어보면 100이면 100, 모두 거론하는 게 '회사복지'다. 급한 사람들은 연봉만 보지만, 뭘 좀 알고 지혜로운 사람들은 회사의 복지 체계까지 검토한다, 이런 얘기다. 연봉만 생각하는 게 아니라 회사의 복지도 보고, 더 나아가서 워라밸 수준까지 검토하는 게 현명한 취업자의 자세인 것이다. 그런 생각의 연장선에서 중소기업은 일단 검토 대상에서 배제!

구글은 대표적으로 복지가 좋은 회사로 알려져 있다. 그럼 회사 복지가 좋은 구글이 세계 최고의 기업인가? 구글이 좋은 회사인 것은 맞다. 그러나 구글의 복지에는 미국의 시스템이 가지고 있는 구조적 슬픔도 있다. 구글에 다닌다면 독일이나 프랑스 회사들처럼 긴 바 캉스를 누리기는 어렵다. 일도 너무 많고, 휴가도 별로 없다. 이게 구 글에 대한 많은 사람들의 생각이다.

유럽에서 회사를 선택할 때 보통은 간단한 두 가지 기준을 적 용한다. 연봉과 자기가 하는 일. 너무 당연한 얘기다. 그런데 우리나 라나 미국은 이 기준에 회사가 어느 수준의 복지를 제공하는가, 이 한 가지가 더 추가된다. 이렇게 미국형과 유럽형이 크게 갈린 것은 1945년 이후 국가복지를 만드는 과정의 차이에서 비롯되었다. 유럽 은 기본적으로 국가에서 복지를 처리했다. 미국은 루스벨트Franklin Roosevelt 이후 복지의 기본 설계를 국가가 포기하고, 대신 경쟁력 차 원에서 회사들이 복지 체계를 차용했다. 유럽에서는 국가가 복지의 상당 부분을 담당하기 때문에 어느 회사를 선택하든 복지의 차이가 크지 않지만, 미국에서는 회사가 복지를 처리하기 때문에 회사 선택 이 복지 체계의 선택이 되어버린다. 당연히 회사를 선택할 때 복지를 신중히 고려해야 하는 구조가 되었다. 우리는? 그냥 미국식을 따라 했다.

대학 시스템을 가지고 생각해보자. 독일이 몇 년 전 얼마 되지 도 않는 대학 등록금을 무상으로 전환했다. 다른 건 몰라도 대학 등 록금은 유럽에서는 국가가 처리할 일이다. 부담되니까 미국처럼 사 립대 체계를 도입하자는 주장이 없지는 않지만, 이제는 돌이키기 어 려운 일이다. 우리는 미국처럼 대학이 알아서 등록금을 받는 사립대 체계로 갔다. 우리 국립대는 다른 나라의 사립대만큼 비싸고, 사립대 운영도 상당 부분 국가가 지원한다. 뭐가 좀 이상하다. 아무튼 큰 회사에서는 직원 자녀의 대학 등록금을 대신 내준다. 대학 등록금만이 아니다. 일부 기업은 자녀들 조기유학 비용까지 지원해서 여러 사람 놀라게 했다. 아버지가 어느 회사에 다니느냐에 따라서 자녀가 회사 지원금을 받고 대학을 다닐지, 학자금 대출로 청년 신용불량의 길로 갈지 나뉘는 게 한국의 실정이다.

만약 유럽 기업들도 미국처럼 회사에서 대학 등록금을 지원하는 방식으로 갔다면, 유럽의 취업자들도 가스공사는 그런 혜택이 있느니, 전기공사는 그게 안 되느니 하고 골머리를 썩였을 것이다. 미국이나 한국처럼 말이다. 그러나 국립대 체계인 유럽에서 기업들이 직원 복지 차원에서 대학교 등록금을 고민하는 일은 없다. 등록금 문제를 물어보면 유럽에서는 무슨 소리인지 알아듣지도 못한다. "자녀 대학교 등록금을 왜 기업이 고민해야 돼? 무슨 소리야?"

우리의 미래가 가야 하는 방향은 구글 같은 회사를 만드는 것이 아니다. 장기적으로는 기본적인 복지는 국가가 담당하고, 회사는 연봉과 인권 등을 확실히 하는 게 좋다. 회사가 콘도를 보유해서 여름휴가 때 직원들이 쓸 수 있으면 우리 형편에서는 복지가 좋은 편이다. 그렇지만 진짜로 좋은 건, 연봉을 제대로 받고 휴가도 길게 얻어 그랑드 바캉스grandes vacances를 한 달 이상 즐기면서 세계를 헤매고 다니는 것 아니겠는가? 회사 콘도 운영할 돈을 그냥 직원들에게 주는 게 낫지 않은가? 어차피 회사복지라고 해봐야 회사가 자기 돈 더 내는 경우는 별로 없고, 인건비로 쓸 돈을 이래저래 돌려 쓰는 것

117

아니겠는가? 원칙은 그런데, 지금 우리가 그럴 형편은 아니다.

회사에 복지의 많은 부분을 위임한 우리의 시스템이 여성들의 노동, 특히 출산을 전후한 과정의 노동에서 심각한 문제를 일으키고 있다. 1 이하로 내려간 출산율을 경제적으로 설명하면, 절반 정도는 아파트와 도로에 돈을 집중시키는 토건경제에 원인이 있고, 절반은 출산을 둘러싼 복지제도에 기인한다고 할 수 있다. 출산휴가를 비롯해서 많은 지원 방식이 회사에 따라서 제각각이다. 변호사나 회계사 등 비교적 연봉을 많이 받는 전문직 여성들도 이 상황은 피해가기 어렵다. 회사 규모가 작으면 법적 최소치인 세 달 이상을 쉬기가 어렵다. 정말 1년 다 채우면 책상 빠지거나, 다른 한직으로 옮겨가게 된다.

내가 본 어떤 고연봉 여성은 임신으로 부풀어오른 배가 운전대에 닿는 상태에서도 운전을 하고 회사에 출근했다. 출산휴가에 들어가기 전 최대한 많은 일을 미리 해놓는 편이 복귀를 위해서 좋다고 했다. 그렇지만 실제로 출산 직전까지 회사에 다닌 것은, 그래야 아이를 낳고 조금이라도 더 돌볼 수 있기 때문이다. 출산 전에 미리 쉬면, 그 날짜만큼 아기와 빨리 떨어지게 되니까 무리를 해서라도 만삭 상태에서 출근하려 한다. 현실적으로 많은 직장 여성들이 법적으로 보장되는 3개월 동안의 출산휴가는 쓰지만, 육아휴직을 쓰기는 어렵다. 아이를 낳고 100일 동안도 아기와 같이 있기 어려운 엄마들이 태반이다.

보통 아이 한 명당 육아휴직 1년을 쓸 수 있다. 그러나 교사나 공무원 혹은 규모가 큰 공기업 같은 데서나 실제로 이렇게 할 수 있다. 연봉이 높더라도 규모가 작은 회사에서는 그림의 떡이다. 정부에서는 보장하라고 난리를 치지만, 그야말로 '공무원 말씀'이다. 출산휴가든 육아휴직이든 회사가 알아서 하는 일이라고 방관하는 국가, 뭔가 잔소리만 많고 도움은 주지 않는 시어머니 같은 느낌이 들지 않는가?

비정규직의 경우는 더 애매하다. 지금은 6개월 이상 근무했다면 비정규직도 육아휴직을 쓸 수는 있다. 그러나 그 기간이 ─ 당연하겠지만 ─ 남은 계약기간에 한정된다. 비정규직은 길어도 2년 이상을 계약할 수 없다. 그러면? 육아휴직을 쓴 여직원이 복귀 후 1년 이상을 근무하지 않으면 감면된 세액을 다시 추징한다. 계약기간 최대 2년에서 육아휴직 가능한 조건인 근무기간 6개월을 빼고 추가 근무 1년을 빼면 6개월이 남는다. 비정규직이 육아휴직을 쓸 수 있는 기간은 근무 시작 후 6개월 이후 6개월 동안이 최대치다. 그 기간이 아니라면 추가로 1년 근무할 계약기간이 남아 있지 않다. 그래도 쓰려면? 비정규직을 정규직으로 전환해야 한다. 출산한 비정규직 여성이 육아휴직을 정상적으로 사용하도록 하려면 좋든 싫든 회사는 이 여성을 정규직으로 전환해야 한다는 얘기나. 그걸 감당하면서 임신 가능성이 높은(!) 비정규직 여성을 고용하기에는 국가의 세액 혜택 지원이 너무 약하다. 기업 입장에서는 차라리 고용을 안 하고 만다. 조금 더 종합적이고 체계적인 제도 설계가 필요하다. 아직은 그런 제도 개선의 길이 조금 열리기 시작한 단계 정도로 볼 수 있다.

엄마 쪽이든 아빠 쪽이든, 회사에서 운영하는 어린이집에 다닐 수 있다면 최고다. 회사 어린이집? 여의도에서 일하던 시절, 국회 어린이집이 나은지, KBS 어린이집이 나은지를 두고 열띤 논쟁이 벌어졌다. 그러나 실제로는 이런 최상급 회사 어린이집은 고사하고, 대기 인원에 비해 턱없이 자리가 부족해서 있으나 마나 한 곳이 태반이다. 그냥 시늉만 하는 직장 어린이집이 많다. 운동장이 따로 없어 국가 정책상 놀이터 활용 방안을 따로 세워야 하는데, 인원이 50명 이하면 그마저도 면제된다. 그래도 있는 척이라도 하는 게 어디냐 하는, 직장 어린이집 제도가 있는지도 모르는 작은 회사들이 또 한쪽에 존재한다. 회사복지가 만들어낸 가슴 아픈 풍경이다. 엄마나 아빠의 직장에 따라 어린이집 조건이 심하게 차이 난다.

아빠들의 육아휴직을 비롯해서 출산과 관련된 제도 정비는 시작 단계다. 소규모 회사들의 직장 어린이집 문제도 제도적으로 풀려고 하면 못 풀 정도로 어려운 문제는 아니다. 회사가 딱 하나 덩그러니 떨어져 있는 곳은 어렵겠지만, 많은 경우 회사들은 한군데로 모이는 경향이 있다. 작은 회사일수록 더 그렇다. 그렇게 인근의 작은 회사들을 모아서 공동으로 직장 어린이집을 운영하면 문제를 풀 수 있다. 그리고 이런 '공동 직장 어린이집'의 경우는 운영 주체를 여성가족부로 하면 된다. 일반적인 육아정책은 보건복지부에서 담당하더라도, 젠더와 페미니즘과 관련된 특수 정책들은 여성가족부가 운영 주체가 되어 직접 예산을 마련한다고 해서 이상할 것이 하나도 없다. 육아휴직과 직장 어린이집이 하나의 패키지 복지로 제시되는 것이 직장에 다니는 여성들에게는 더 현실적이라고 생각한다.

출산율 1 혹은 그 이하 수준에 한국의 합계출산율이 머물고 있다. 국가의 책임과 회사의 의무가 사실 정확히 구분되지는 않는다. 하지만 목표는 명확하다. 어느 직장을 선택하더라도 그 직장의 차이 때문에 출산 과정에서 엄청난 차이가 존재하지 않는 형태로 가는 게 옳다. 출산 과정에서 좋은 회사, 나쁜 회사 딱지가 붙고, 정규직과 비정규직 사이에 너무 큰 차별이 발생하는 것은 좋은 국가가 아니다. 기본적인 육아복지는 회사복지에서 국가복지로 전환하는 것이 맞다. 물론 교육 문제를 국가복지로 전환하는 것은 정말로 큰일이다. 그래서 어쩔 수 없이 그냥 현 체계를 유지하는 중이다. 지금부터라도 직장의 차이, 회사의 차이와 상관없이 기초적인 복지는 국가복지 체계로 설계해야 한다.

직장 육아, 결국 회사든 직장이든 사회 속에 있는 것이고, 국가 안에 있는 것이다. 그리고 이것도 다 인간이 하는 일이다. 우정과 환대의 공간, 직장이 그런 곳이 되면 좋겠다. 그게 내가 생각하는 직장 민주주의다. 아이는 질색이고, 여성들은 유난스럽다? 그게 지금까지 남성 동료들이 아이 키우는 동료들을 대한 자세 아니겠는가? 직장 민주주의의 하위 범주로서의 젠더 민주주의, 그 한 축에 직장 육아 라는 질문이 자리한다. 국가복지의 원칙 그리고 장소로서의 직장, 말

그대로 직장 어린이집에서 아이를 길러주는 '직장 육아' 개념을 좀 더 높은 수준의 민주주의라는 시각에서 볼 필요가 있다.

　　프로야구 외국인 선수들은 시즌 중에 한창 중요한 순간에도 출산휴가를 떠난다. 아빠들의 권리다. 출산과 아빠는 상관없다는 시각을 가지고 우리는 살았다. 연봉 몇십 억의 프로야구 선수 아빠들도 짧은 출산휴가 정도는 떠난다. 우리 미래의 모습에 대해서 다시 한 번 생각해볼 일이다.

동일임금의 날,
2017년 4월 4일

회사의 역사를 분석할 때는 기업의 입장에서 보는 방식이 한 가지고, 그 반대편에 있는 노동자들 혹은 노조의 입장에서 보는 방식이 한 가지다. 창업자 혹은 사장의 맹활약을 중심으로 서술된 기업사 그리고 그 반대편 노동자들 혹은 노조의 역사로 볼 수 있다. 물론 우리는 역사학이 워낙 약하고, 이런 특수 분야까지 세밀하게 들여다볼 형편은 안 된다. 한 가지 확실한 것은, 기업사를 둘러싼 두 개의 시각이 분명히 존재한다는 점이다. 기업은 창업주의 역사인가, 노동자의 역사인가? 끝나지 않을 논쟁이다. 쉽기는 사장 중심으로 서술하는 것이 제일 쉽다. 그러나 그게 객관적이고 또 온전한 역사인가, 그런 질문 앞에 놓인다.

그렇다면 직장 민주주의의 역사는? 공식적으로 유럽에서 직장 민주주의의 역사는 노조 발전사와 대체로 일치한다. 노조의 영향력이 점점 높아져서 결국에는 노동부 장관 정도를 넘어 대통령을 만들어내고, 전격적인 사회주의는 아니더라도 국가복지를 기본 정책으로 하는 사회민주주의, 사민주의로 가는 역사와 같다. 그리고 그런 흐름 속에서 유럽은 회사의 주요한 의사결정을 더 이상 오너 혹은 경영진이 독단으로 하지 못하도록 제도적 장치를 마련하는 상태까지 가게 되었다. 캐나다 등 북미 지역에서 보면 정말 희한한 일이다. 이게 유럽에서 공식적인 직장 민주주의의 역사다.

그런데 조금 다른 측면에서 직장 민주주의를 살펴볼 여지가 있기는 하다. 의사결정을 기준으로 보면 노동자의 경영 참여가 직장 민주주의에서 가장 중요한 사건이지만, 연봉을 기준으로 보면 '동일노동 동일임금'이라는 원칙이 직장 민주주의를 구성하는 또 다른 축이다. 같은 일을 하면 같은 돈을 받아야 한다, 우리나라에서도 이게 점점 더 중요한 기준으로 등장하는 중이다. 최근의 헌법 개정 흐름에서 이 문구를 헌법에 넣어야 한다는 목소리가 존재했을 정도다. 특히 한국에서 이 원칙은 비정규직 문제에 대한 경제적 기준으로 등장했다. 같은 일을 하는 정규직과 비정규직이 서로 다른 임금을 받아서는 안 된다, 이게 한국 상황에서는 중요한 문제다.

동일임금을 관철시키려는 초기의 노력은 1830년대 영국에서 진행된 일련의 파업까지 거슬러 올라간다. 투쟁은 여전히 노동운동의 중요한 축으로 계속 진행되고 있다. 한편으로 최근 미국과 유럽의 많은 나라에서 '동일임금의 날'을 제정하는 것이 중요한 캠페인 방법이 되었다. 우리나라에서도 동일임금의 날 법률이 국회에 제출되어 있지만, 일단은 계류 중이다.

동일노동 동일임금, 이 개념을 둘러싼 투쟁의 역사는 페미니즘의 역사와 일치한다. 여성 노동자 입장에서는 동일노동을 하는 남녀 노동자 간 임금 차별을 줄이는 것이 핵심 쟁점이었기 때문이다. 이것은 또한 젠더 민주주의의 역사이기도 하고, 직장 민주주의의 역사이기도 하다. 조직 내 약자들에 대한 시각으로부터 민주주의에 대한 요구가 생겨나게 마련인데, 기업 내에서는 그 약자가 여성이었기 때문이다. 남성들이 노조로부터 보호받기 시작하던 초기부터 여성들은 제대로 보호받지 못한다는 문제의식이 존재했다.

그러면 반대로 여성들만 보호받아야 하는가? 충분히 의문을 가질 만한 문제다. 그러나 약자인 여성을 위해서 만들어낸 장치들은 다른 경제적 약자들에게 대체로 동일하게 작용한다. 약한 자들이 모두 같은 이유로 약하지는 않다. 그러나 상대적으로 약한 사람들을 보호하는 데는 보편성이 존재할 수 있다. 대표적으로 비정규직을 보호하기 위한 장치와 여성을 보호하기 위한 장치가 같은 흐름에 놓여 있는 경우가 많다. 우리 사회에서는 여성들이 발전시켜온 동일임금이라는 주제가 비정규직들에게노 핵심 주제가 되었다. 지금 한국에서는 여성보다 비정규직 혹은 파견직이 더 약자일 수 있다. 그런 이유로 원래는 여성 노동의 차별을 시정하기 위해 고안된 동일임금이라는 개념이 비정규직 노동을 보호하기 위한 개념으로 사용될 수 있는 것이다. '같은 일을 하는데 남녀차별 하지 마라!'는 구호가 '같은 일을 하는데 정규직만 돈 챙겨가지 마라'로 바뀌어 사용되기 시작했다.

자본주의는 초기 자본주의로부터 많은 모습이 바뀌었다. 기업들도 그 모습이 많이 변했다. 민주주의는 직장 민주주의라는 다른 고민을 타고 21세기로 내려왔다. 여성과 혁명 그리고 시민, 이런 주제들도 젠더 민주주의라는 개념을 타고 21세기로 왔다. 지금 우리가 일하는 일터, 바로 이 직장에서 직장 민주주의와 젠더 민주주의가 뜨거운 용광로 속 쇳물처럼 다시 만나고 있다. 오랫동안 마초의 방식으로 일해온 한국의 주요 기업과 직장들이 젠더 민주주의라는 질문 앞에 서 있다. 자, 어디로 갈 것인가?

미국 동일임금의 날equal pay day을 맞아 2017년 4월 4일 트럼프의 딸인 이방카Ivanka Trump가 인스타그램에 이렇게 썼다.

오늘 동일임금의 날을 맞아 여성도 똑같이 일한다면 똑같은 임금을 받을 자격이 있다는 것을 인식해야 한다. 동일임금은 여전히 여성들에게 중요한 도전이 되고 있다. 앞으로 미래를 생각할 때 이는 매우 중요한 요소이다.

동일임금의 날은 지난 1년간 남성의 평균연봉과 같은 연봉을 받기 위해 여성이 추가로 일해야 하는 날짜를 계산해 제정되었다. 즉

2017년 남녀 동일임금의 날이 4월 4일이었다는 것은 남성의 1년치 급여를 받기 위해 여성은 4개월 4일을 더 일해야 한다는 것을 의미한다. 극단적인 보수라고 비난을 당하는 이방카조차 동일임금을 지지한다. 이게 젠더 민주주의의 세계적 현실이다.

비슷한 기준으로 우리의 동일임금의 날을 한번 계산해봤다. OECD 기준을 쓰느냐 한국 통계청 기준을 쓰느냐에 따라 좀 차이가 나기는 하지만, 대체로 여름은 지나야 남성과 동일임금을 받는 날이 온다. 좀 빡빡한 기준을 쓰면 가을이 되어야 같아지는 경우도 있다. 최소한 꽃피는 봄날에 대한민국에서 동일임금의 날 행사를 하는 게 우리의 단기 목표가 될 것이다.

4장

오너 리스크와
오너 민주주의

자식이 있는 스티브 잡스와
세습 자본주의

아버지가 누구인지 중요할까? 어떤 아버지가 좋은 아버지일까? 자상한 아버지? 자녀와 많이 놀아주는 아버지? 아니면 부자 아버지? 아마도 한국에서는 그냥 부자 아버지가 아니라 건물을 물려줄 아버지를 최고로 택할 것이다. 물론 마음이 그렇다는 말이다. 진짜로 아버지를 선택할 수 있는 사람은 없다. 아무리 개인이 합리적이고 유능해도 아버지를 선택할 수 없고, 자기가 쓰는 모국어를 선택할 수 없다. 이는 구조주의structuralism가 성립하는 근거이기도 하다. 마치 구조가 개인에게 **주**이지는 것처럼 아버지는 그냥 주어지는 것이다.

좋은 사회는 아버지가 자상하든 그렇지 않든, 부자든 아니든, 자식들의 삶이 일정 수준 이상은 유지할 수 있는 사회다. 롤스John Rawls가 얘기하는 정의론의 핵심이 바로 이 내용이다. 아버지가 누구냐에 따라 자식의 운명이 다르기는 하겠지만, 최악의 경우도 너무 황당하지 않은 것, 그게 정의로운 사회의 기준이다.

한국의 경제학자로서 가장 슬프고 가슴 저린 순간이 있었다. 스티브 잡스Steve Jobs가 죽고 팀 쿡Tim Cook이 애플의 새로운 CEO가 되었을 때다. 이걸 본 한국의 많은 초등학생들이 아빠에게 이렇게 물었다.

"아빠, 스티브 잡스는 자식이 없었어?"

물론 스티브 잡스에게는 자식들이 있다. 우리 사회에서는 기업과 대학은 물론이고 심지어 하나님의 자산인 교회도 전부 자식에게 물려준다. 그런 것만 보던 어린이들이 그렇지 않은 사례를 보고 '아, 저 사람은 자식이 없구나' 생각한 것 아니겠는가? 한국의 어린이들에게 스티브 잡스 이후 팀 쿡에게 경영권이 승계되는 과정은 생소함을 넘어 충격적인 것이었다.

공정거래위원회가 매년 발표하는 우리나라 회사들의 순위표 앞자리에는 이제 창업주가 운영하는 회사는 없다. 대기업은 이제 물려받는 물건이 되었다. 과연 이렇게 물려받은 후계자들이 하는 경영이 효율적인가? 공주님들은 툭하면 카페 한다고 하거나 빵집 한다고 한다. 골목에 진출한 재벌, 창피한 일이다. 회사를 누가 승계할 것인가, 그리고 그들을 어떻게 사회적으로 제어할 것인가? 논의해본

적도 없다.

재벌가 얘기할 때 가장 많이 언급되는 회사는 역시 스웨덴의 발렌베리Wallenberg 가문이다. 5대에 걸쳐 승계된 가족경영을 하지만, 철저한 사회환원과 경영분리를 통해서 크게 물의를 일으키지 않는다. 자기들이 알아서 후계자 승계 과정을 철저히 관리하고, 내부 부패를 방지하는 장치들을 만든다. 그렇지만 우리의 경우는 많이 다르다.

자, 우리가 지금까지 걸어온 역사를 잠시 생각해보자. 불완전하다는 지적을 받기는 하지만 1949년 한국은 농지개혁을 단행했다. 그리고 1950년, 전쟁과 함께 엄청난 사회 혼란이 있었다. 양반은 몰락했고, 전통적인 지주들 역시 자산을 온전히 보전한 경우가 드물었다. 의도한 정책과 의도하지 않은 사건들이 결합되어, 경제발전 초기에 한국은 식민지로부터 독립한 다른 국가들과는 달리 비교적 평등하고 균일한 출발점을 가지고 있었다. 평등, 그렇다. 우리는 그 시기에 대체로 평등하게 가난했다. 빠른 경제발전 그리고 그보다 더 빠르다고 할 수 있는 민주주의의 정착, 이 배경에는 가난하지만 평등한 경제주체들이라는 조건이 놓여 있었다.

그리고 70년, 대략 두 세대 이상의 시간이 지났다. 지금 우리가 부딪힌 주된 사회 문제는 경제적 격차로부터 발생하는 차별적 관행이다. 그리고 이 경제적 문제의 핵심은 당연해져버린 경제력의 세습, 세습 자본주의가 만들어낸 비효율성 아니겠는가? 그나마 그들의 권력이 자기 힘으로 성취한 거면 좀 참을 여지가 있다. 그런데 2대가 건물주고, 3대째 오너 일가가 경영한다. 이런 물려받은 것에 어떤 정당성이 있겠는가? 그냥 자기 자식에게 다 주겠다는 것에 무슨 명분이 있겠는가? 게다가 현재의 대기업들은 군사정권 시절의 해외 차관에서 이명박 시절의 4대강 사업에 이르기까지, 국가의 선별적 특혜를 듬뿍 받으면서 지금 규모로 성장한 경우가 대부분 아닌가? 정당성과 명분도 약한데, 지금은 효율성마저 심각하다. 항공사가 오너 자금줄 대느라 비행기는 제대로 정비조차 하지 않는 상황이라고 의심받는 현실, 이대로는 정당성도 없고 효율성도 없어서, 국민경제마저 위기에 빠지게 된다.

그렇다고 지금 혁명을 해서, 건물주들에게서 건물을 뺏고 기업을 국유화하는 식으로 '리셋'할 수는 없다. 토지개혁 이후 마련된 아주 평등한 초기 상황으로 되돌아갈 방법은 없다. 다른 어느 선진국보다도 세습 자본주의가 강화되는 지금 상황에서, 오너들로부터 생기는 극단적 비효율성을 완화하기 위한 장치들을 생각해볼 수밖에 없다. 장기적으로는 통칭 재벌개혁으로 불리는 좀 더 근본적인 변화를 모색할 수 있다. 그러나 단기적으로 견제받지 않는 오너 경영의 위험성을 줄이는 방안으로 직장 민주주의를 생각해보아야 한다. 2세 심지어는 3세들이 지배하는 기업 구조를 당장 바꾸기는 어렵다고 해도, 삐뚤어진 폭군의 왕국으로 전락하는 것을 방치할 수는 없지 않겠는가? 가신 거느리고 사병까지 두는 봉건제 왕국 현상을 21세기에 방치할 수는 없는 것 아닌가? 크면 큰 대로, 작으면 작은 대로, 오너들의 왕국만큼은 어떤 식으로든 견제하고 제어해야 할 순간이 왔다.

세습 자본주의를 제도적으로 정비하고 그 폐해를 줄이는 것, 사실은 이게 기업을 비롯한 우리나라 조직들의 생산성을 높이는 길이다. 서열 깍듯하기로 유명한 군대에서도 장군님들과 사모님들 시중들던 공관병 제도를 폐지하고, 꼭 필요하지 않은 장군 차량 운전병도 줄여나가는 게 요즘 추세다. 회사에서 대왕, 왕비 모시는 것도 힘든데, 이제는 공주님, 왕자님 시중까지 들라니, 이러려고 죽어라 공부해서 회사 들어간 것 아니다. 경제적 스트레스는 참겠지만, 갑자기 툭 튀어나온 이런 봉건 시대 문명과의 충돌은 좀 너무하지 않은가?

사외이사,
그런 사람 있는지도 모릅니다

실장 혹은 본부장 등의 직함으로 등장하며 로열 패밀리 안에서 왕위를 승계하는 드라마 속 왕자님은 잘생긴데다 돈도 많다. 그리고 다정도 하시다. 1990년작 영화 〈프리티 우먼〉에서는 리처드 기어가 연기한 돈 많고 매력적인 에드워드의 부를 설명하기 위해 당대에는 아직 생소했던 기업합병 전문가라는 직업을 들이댔다. 별칭으로 기업사냥꾼이라고 불렸다. 한국에서는 미국처럼 그렇게 복잡한 설정을 쓸 필요가 없다. 그냥 "아드님이시다", 이러면 된다. 무슨 말인지 다들 이해한다.

기업 오너라고 해서 회사를 마음대로 주무르고, 전횡에 가까운 짓을 해도 되는 것은 아니다. 왕국 시대에도 왕이 마음대로 다 하지는 못했다. 조선왕조에도 국가 통치의 권한을 왕과 신하가 나누어

가졌다. 지금 한국의 일부 대기업들과 중견기업들에는 조선의 사간원으로 대표되는 내부 견제 장치가 사실상 없다. 가끔 몇몇 기업을 두고 '왕국'이라는 은유를 쓰지만, 사실 구조를 따져보면 봉건 왕국들도 이렇게 허술하지는 않았다. 그러니 효율적일 리가 있을까? 왕국도 시스템을 갖추고 체계적으로 움직이려고 한 것은, 그 편이 장기적으로 더 효율적이기 때문이다. 자본주의가 바로 이 왕국을 무너뜨리고 공화국으로 전환시키면서 등장한 경제이고, 자본주의의 꽃이 주식회사라고 할 수 있다. 주식회사에 여러 맹점이 많지만 애초에 자본과 경영을 분리하기 위해 만들어진 제도다. 허술한 제도가 아니다. 그런데 이 자본주의가 한국에 들어와서 주식회사마저 결국 세습주의 왕국형 주식회사가 되었다. 이건 정상적이지도 않고, 효율적이지도 않다.

외국도 다 이렇게 할까? 중동 지역에서 왕자님들과 공주님들이 우리 식으로 치면 한국전력 등 주요 공기업들을 서로 나누어서 경영하는 경우가 있기는 하다. 그 나라 고유의 방식이니까 외부에서 뭐라고 하지는 않는다. 그러나 대한민국이 그런 왕국도 아닌데, 사회 여기저기에서 왕국 현상을 드러내는 곳이 너무 많다. 미국이 우리 식으로 자본주의를 받아들였다면, GM이나 마이크로소프트 혹은 아마존 역시 모두 창립자의 왕국이 되었을지도 모른다. 그러나 그들은 그렇게 하지 않았다. 우리는 왜 이런 건가?

1997년 12월, IMF 경제위기와 함께 한국이 근본적으로 스스로에 대한 성찰을 한 적이 한 번 있다. 이건희는 10년 전 이미 삼성을 넘겨받았고, 현대 일가에는 아직 정주영이 살아 있던 무렵이다. 오랫동안 하던 익숙한 방식대로 경영을 했는데, 국민경제는 부도 직전까지 갔다. 정권이 바뀌었지만 경제는 새로운 방향을 찾지 못하던 시절이다. 도대체 재벌은 돈도 제대로 못 벌고 뭐 한 것이냐? 사회적으로 비난 여론이 팽배했다. 대기업 계열사들이 적은 돈을 가지고 서로 출자해서 자본금만 부풀리는 순환출자가 '문어발 경영'이라는 이름으로 도마 위에 올랐다. 그렇게 국가적 위기 국면에서 도입된 것이 사외이사 제도이다.

자기네끼리 모든 걸 숨어서 결정하다가 재계 순위 14위이던 한보철강이 부도를 내는 등 대기업 부도 위기가 벌어진 것이다. 이게 진단이었다. 그래서 회사 외부에서 누군가 이사회에 들어가 참여하면 좀 나아지지 않을까, 하는 생각을 하게 되었다. 합의는 금방 이루어졌고, 1998년 상법에 사외이사 조항이 들어갔다. 이렇게 쉬워? 물론이다. 좁게는 국회의원들 사이의 합의, 넓게는 사회적 공감대만 형성되면 이사회 구성 요건을 법적으로 결정하는 일은 아무것도 아니다. IMF 경제위기 한가운데에서 상법 개정안은 국회를 통과했고, 사외이사 제도가 도입되었다.

지금 와서 돌아보면, 그때는 우리가 너무 무식했다. 그리고 시대가 너무 무서웠다. 군부독재가 끝난 지 얼마 되지 않아서 민주주의라는 말을 꺼내는 것도 아직 두려웠던 시대다. 직장 민주주의 같은 게 뭔지도 잘 몰랐고, 주식회사에서 이사회 등 경영 방식이 세계적으로 어떻게 변해가고 있는지는 더더욱 몰랐다. 나도 '직장 민주주의'는 개념만 알았지, 유럽이 실제로 어떻게 직장 민주주의를 하고 있는지 그런 건 잘 몰랐다. 그때 우리가 조금만 더 유식했으면 어땠을까? 그때 우리가 노동이사제 등 노동자들이 좀 더 적극적으로 경영활동에 참여하는 회사 운영 방식을 알았으면 어땠을까? 그랬다면 5% 이상의 성장률이 지금까지도 유지되고, 한국 회사들 몇 개는 글로벌 기업 10위 안에 들어갔을지도 모른다. 지금 같은 청년 실업이나 출산율 저하 현상은 없었을지도 모른다. 그렇지만 그때는 우리 모두 진짜 좀 무식했다. 큰 것만 알고 작은 것은 몰랐고, 정치만 알고 일상은 몰랐다. 시장이냐 복지냐, 이런 큰 규모의 패러다임만 알았지, 조직 안에서 벌어지는 소소한 결정 과정이 경제에 어떠한 영향을 미치는지 전혀 몰랐다.

뭐든 상상하는 대로 실제 반영할 수 있었던 IMF 직후의 열린 공간은 금방 닫혔다. 그 틈에 사외이사라는, 마치 뭐라도 해줄 것 같은 신비로운 제도 하나가 새로 도입되었다. 그리고 20년이 흘렀다. 이걸 어떻게 평가해야 할까? 영화 〈짝패〉에 나온 대사 하나면 그동안의 상황을 요약할 수 있을 것 같다.

"놈네, 개판 됐슈."

대기업과 시민 사이에서 중재 역할을 하면서 상식적인 경영과 투명성을 확보하리라 기대되었던 사외이사 제도는 이제 대기업들의

139

로비 창구로 전락했다. 국세청, 검찰, 기획재정부 등 기업들이 로비하고 싶어하는 관청의 퇴직 간부들이 사외이사가 된다. 공식적으로 부처 로비 창구로 활용하는데, 이게 무슨 IMF 대응 조치라고 할 수 있겠는가? 기업 전문성을 높인다는 말은 허울이다.

현대자동차의 내수용 차량은 수출용 차량에 비해서 가격이 높고 품질이 떨어진다는 국내 소비자들의 불만이 높았다. 과연 그럴까, 아닐까? 확실한 것은 이런 일이 벌어지는 과정에서 사외이사가 아무런 역할을 하지 못했다는 사실이다. 국민들은 사외이사, 그런 사람 있는지도 모른다. 삼성전자 등 삼성그룹 승계 과정은 단순히 한 회사의 지배구조 문제를 떠나서 정권의 성격은 물론 퇴진까지 좌지우지하게 된 큰 사건이다. 그 과정에서 사외이사들이 무슨 역할을 했는지 아무도 모른다. 효율성과 투명성, 아무런 기여도 관찰하기 어렵다. 이런 걸 IMF 때 왜 만든 거지? 도대체 뭘 위해서? 감시견 역할을 기대했던 사외이사는 오너들의 충성스러운 애완견이 되어버렸다. 물라면 물고, 짖으라면 짖고.

이렇게 이상하게 운영할 거면, 사외이사 제도는 아예 폐지하고, 노조 쪽 노동자 추천, 비노조 쪽 노동자 추천, 그리고 소비자와 지역주민 추천, 이렇게 이해당사자들을 중심으로 이사회를 재구성하는 게 낫다. 노동자 측이 실제로 경영에 참여하면 이상한 일도 좀 줄어들고 파업도 줄어든다. 파업은 노동자들에게도 최후의 선택이다. 극한으로 가기 전에 회사의 일상적 경영에서 많은 문제를 해소하면 노동자들도 힘들고 피곤한 파업으로까지 갈 필요가 없다. 어떻게 하면 조금이라도 더 많이 자기 몫을 챙겨갈 것인가 하는 성과 분배 과정에만 노동자가 노조를 통해 참여하는 지금 구조에서는 파업이라는 극단적인 행동으로 의사를 표현할 수밖에 없다. 그러나 경영 성과 자체를 최적화시키는 과정에 노동자들도 참여하면 회사와 노동자의 양상은 전혀 다르게 변해갈 것이다. 이런 게 유럽의 오래된 회사들이 걸어가는 길이다. 그리고 이게 현재로서 우리가 상상할 수 있는 궁극의 직장 민주주의다.

1998년, 사실 이걸 다 상법에 반영시킬 수 있었다. 정주영의 경우는 모기업인 현대건설을 비롯해서 몇 개의 현대그룹 자회사들이 부도 직전까지 몰렸다. 이건희의 삼성 역시 자동차 산업에 진출한 여파로 휘청휘청거렸다. 철강회사 한보는 국가부도의 도화선이 되었고, 동화은행 등 은행들도 버티지 못하는 상황이었다. 사외이사 정도가 아니라 노동자의 경영 참여를 포함한 경제 민주주의를 상법에 반영시켜도 재벌들이 크게 반발하기 어려운 상황이었다. 돈 나올 데라고는 정부밖에 없었다. 국민들은 금 모으기 운동을 하고 있었다. 정부 지원을 받아 그룹사를 기사회생시키려면 당시 재벌들은 찬밥 더운밥 가릴 처지가 아니었다. 힘의 역학 관계 때문이 아니라 진짜로 몰라서 못한 것이다. 지금도 상법 개정이라는 간단한 해법이 있지만, 현실적 힘의 관계 때문에 직장 민주주의를 빠른 속도로 진전시키지 못하고 우회로를 찾아야 하는 것일 뿐이다. 못하는 게 아니라 안 하는 것이다.

감사 없는
감사위원회

한국에서 감사는 정말 존재감 없는 제도다. 그나마 가끔 감사원이 여론의 주목을 받기는 하지만, 대체로 있거나 말거나 아무도 신경 쓰지 않는 제도다. 여당에 잘 보이면 별다른 능력이 없어도 공기업 감사가 된다. 오너한테 잘 보여도 감사가 된다. 포청천 스타일의 예리하고도 공정한 사람이 감사? 턱도 없다. 우리가 그렇게 했으면 벌써 선진국 되었다.

　이런 일이 있었다. 4대강 사업을 하면서 수자원공사가 수십조 원에 이르는 경영 손실을 보았다. 이런 경영 손실을 1차적으로 막아야 할 사람이 감사다. 그런데 바로 그 사람이 "일 잘했다"고 나중에 수자원공사 사장이 되었다. 뭐야?

　경제학자들끼리 하는 농담이 있다. 세금 잘 걷을 것 같은 사람은 절대로 국세청장이 되지 못하고, 통화관리 잘할 것 같은 사람은 한국은행 총재가 못 되고, 집값 잘 잡을 것 같은 사람은 국토교통부 장관이 될 수 없다. 표 떨어지기 때문이다. 그리고 진짜로 감사 잘할 것 같은 사람은 감사원장이나 감사가 될 수 없다. 걸리적거리기 때문이다. 이런 일이 정부뿐 아니라 대기업에서도 일어난다.

IMF 직후 사외이사 도입과 함께 또 한 가지 '개판'된 제도가 있다. 감사제도다. 감사를 감사위원회로 격상시키고, 사외이사제를 결합시켰다. 그래서 사외이사 중 한 명이 감사위원회 위원장이 되게 해놓았다. 뭔가 좀 강화되고 개선된 느낌이 드는가? 의도는 그런데, 결국 책임을 지는 상근감사를 없애는 결과가 벌어졌다. 삼성전자도 그렇고 현대자동차도 그렇다. 아침에 출근해서 저녁에 퇴근하면서 하루 종일 그 회사의 문제점들을 고민하는 상근감사가 없어졌다.

간단하게 생각해보자. 대한항공 조현민이 사고를 쳤다. 이런 일이 벌어지지 않도록 조직 내부를 조사하는 사람이 바로 감사다. 그런데 종일 들여다봐도 모자랄 판에, 가끔 회사에 오는 사외이사가 수장인 감사위원회가 그런 일을 할 수 있을까? 감사 구조 자체가 문제다.

호주 등 외국의 연기금이 한국 기업에 투자를 망설이는 이유로 우리의 감사 규정을 꼽았다. 국제적인 시각으로 보면 우리에게는 사실상 감사 시스템이 없는 것과 같다는 말이다. 내부에서 문제가 생겼을 때 1차적으로 견제할 장치가 마비되어 있다. 감사는 아랫사람들의 비리만 보는 게 아니라 경영진의 부패 혹은 잘못된 결정도 견제하는 사람이다. 그러나 현 상태에서 대기업 감사는 회사 내부에서 오너 마음에 들지 않는 사람들 비리나 흠을 털어서 옷 벗게 할 때, 거슬리는 직원들 혼내줄 때 쓰는 내부용 사냥개와 같다.

　　오너가 존재하는 기업일수록 감사의 역할이 더 크다. 오너 리스크를 줄이는 1차적 책임이 바로 감사에게 있기 때문이다. 그런데 오너가 존재하는 회사에서 감사 선임권을 오너에게 주는 것은 형식적으로도 구조적으로도 맞지 않다. 우선은 경영권을 승계받은 2세 혹은 3세 기업부터 시작해 이후 점차 모든 오너 기업에 상근감사제를 부활시켜야 한다. 그리고 이 감사 임명권을 외부에 설치한 감사 선임위원회에게 주는 게 맞을 것 같다. 감사 선임위원회 위원 선임에 관해서만큼은 오너 추천분을 배제하는 것, 이 정도가 최소한 할 수 있는 일이다. 감사권을 좀 더 강화하려면 추천된 상근감사에게 대표 해임권을 줄 수도 있다. 명백한 불법이나 편법을 회사 대표가 자행하려고 할 때, 그들을 견제할 수 있는 권한을 감사에게 주면 너무 부조리한 일이 벌어지는 것 정도는 막을 수 있다.

　　감사의 권한을 더 강화할 수 있는 방법은 없을까? 물론 있다. 아동학대의 경우 신고의무제라는 제도가 존재한다. 어린이집 교사나 원장, 아동을 치료하거나 관찰한 의사나 간호사 그리고 관련 기관 종사자들이 신고의무자가 된다. 아동학대가 발생한 것을 알고도 바로 신고하지 않으면 신고의무자는 처벌을 받는다. 굉장히 강력한 규정이다. "신고하세요"가 아니라 "신고하지 않으면 처벌받습니다". 아동학대가 이렇게 높은 수준의 규정을 가지고 있다. 회사 내부에서 벌어지는 범죄가 아동학대보다 경미한 것일까? 우리 일상과 국민경제에 더 많은 영향을 미칠 수도 있다. 감사와 관련된 사람들 혹은 그 일부에게 아동학대와 같이 '신고의무자' 설정을 하면 지금처럼 한국 회사들이 불신의 대상이 되는 일은 피할 수 있다. 가습기 살균제로 인한 사망, 침대 방사능 검출, BMW 차량 발화 등 회사와 관련된 사건들에서 징벌적 손해배상 제도에 대한 논의가 많이 있었다. 그건 외부에서 사건을 들여다보는 시각이고, 내부에서 문제를 본다면 감사에게 신고의무를 부여하는 것도 강력한 방법이 될 수 있다.

허울만 있는 감사위원회는 폐지하고, 감사제를 상근감사제로 좀 더 강화해 현실적인 권한을 부여하는 방법을 생각해볼 때다. 오너가 명백히 존재하는 경우, 오너를 사회적으로 견제하고 정상적인 경영으로 가도록 조율하는 시스템이 필요하다. 그게 오너 민주주의를 위한 최소한의 제도 개선이다. 시스템을 정상적으로 만드는 일, 그게 당장 해야 할 일이다.

스튜어드십 코드,
공정을 위한 브레이크

2017년 자산 1,000조 원의 노르웨이 국부펀드는 1,500억 원이 넘는 한국전력 투자금을 회수하기로 결정했다. 매출액 중 온실가스를 배출하는 석탄발전 비중이 30%가 넘는다는 게 그 이유였다. 세계 최대 규모인 이 국부펀드의 투자 결정은 노르웨이 중앙은행의 투자 운영위원회에서 한다. 남의 나라에서 석탄발전을 하든 말든 무슨 상관이냐? 상관이 있다. 화석연료와 관련된 기후변화협약의 위력이다. 그리고 세계는 점점 더 기업들에게 이래라저래라, 이거 지켜라 저거 지켜라, 간섭하는 방향으로 가고 있다. 내 회사 내 맘대로 하는데 무슨 상관이야? 그렇지가 않다. 지금은 21세기다.

개인들이 돈을 모아서 만든 사모펀드는 수익률을 기준으로 움직인다. 그 반대편에 국가 등 공공기관이 보유한 돈으로 운용되는 연기금이 있다. 공적 기금이다. 당연히 이 공기금은 공적 목적에 부합해야 한다는 사회적 요구가 발생한다. 수익성과 안정성이 공기금의 운용 기준이 되지만, 동시에 공공성도 또 다른 기준이 된다. 한국전력은 망할 가능성이 0인 아주 안정적인 공기업이지만, 노르웨이가 중시하는 사회적 기준인 온실가스 배출량 면에서는 국부펀드를 투자할 수 없는 불량한 기업이 된 셈이다.

국부펀드를 비롯해 많은 나라의 연기금이 투자자로서 시장에서 큰손이 된 지 오래다. 국민연금을 비롯한 우리나라의 연기금도 마찬가지다. 스튜어드십 코드stewardship code는 이런 공기금이 국민을 대신해 집사steward처럼 투자한 기업을 살펴보도록 하는 최소한의 안전장치 같은 것이다. 공기금이 어떻게 안전한 기업에 투자할 것인가, 그리고 어떻게 공공성을 확보할 것인가 하는 지침들을 담고 있다. 또한 공기금은 투자자로서 기업에 대해 일정 부분 의결권을 가지고 있기 때문에 경영에도 참여할 수 있다. 따라서 공기금이 기업에 돈만 대고 가만히 있을 것인가, 공익성을 위해서 적절한 의견표명도 할 것인가 하는 질문도 스튜어드십 코드와 관련이 있다. 국민들이 원한다면 국민연금이 국민들의 의사대로, 공익적 방향으로 움직이는 것은 당연하나. 우제국을 운용하는 우정사업본부도 대표적인 공기금이다. 국민의 희망과 상관없이 움직이는 것은 말이 안 된다. 스튜어드십 코드는 이런 내용들을 다룬다.

오너가 존재하는 그룹, 특히 2세 혹은 3세로 승계된 회사에 공기금이 좀 더 엄격한 기준을 가지고 회사 운영을 살펴보는 것은 당연한 일이다. '오너 리스크'라고 불리는, 오너의 무능 혹은 불성실이나 승계 과정에서 발생하는 무리한 일들로 인한 위험부담이 존재할 수 있다. 총수 일가의 승계 지분을 마련하기 위해서 후계자가 작은 부품회사 등 하청업체를 소유하고, 여기에 일감을 몰아주는 것이 한동안 유행했다. 자식이 아버지의 회사를 물려받는 편법적인 방식인데, 결과적으로 완성품의 품질이 저하되거나 경쟁력이 떨어진다. 주주인 국민 입장으로 보면 황당한 손해다. 공기금이 기업에 투자만 하고 이런 종류의 배임 행위를 관리하지 않는 것은 국민에 대한 배신이다. 국민연금 가입할 때 특별한 선택권이 있는 것도 아니지 않은가? 일반 보험 중 한 상품을 고르는 것과는 다르다. 당연히 국민연금은 국가에 기금을 맡긴 국민들 대다수의 이익을 살펴야 한다. 오너 기업에 대해서 최소한의 견제는 해야 한다.

물론 공기금의 스튜어드십 코드를 강화한다고 해서 모든 가족 기업 혹은 오너 기업에 대한 견제가 가능한 것은 아니다. 농업 얘기할 때마다 등장하는 대표 기업인 카길Cargill은 세계적인 다국적 기업이기는 하지만, 주식이 상장되어 있지 않다. 상장된 주식회사는 기본적인 영업 사항을 공개할 의무가 있지만, 카길에는 해당되지 않는다. 불법을 저지르지 않는 한 카길에 기업 투명성과 정보 공개를 요구할 방법은 없다. 1865년에 설립했지만 여전히 가족기업이고, 가족들이 대부분의 지분을 소유하고 있다. 자기 이익으로 재투자를 하기 때문에 경영에 관여할 은행도 없다. 공기금이 스튜어드십 코드를 아무리 강화한다고 해도 카길을 견제할 수는 없다. 그러나 카길은 예외적인 존재다. 우리나라에 이 정도로 가족 지분이 높은 오너 기업은 없다. 공기금의 윤리경영이 강화되면 오너 리스크는 줄어들 테고 오너의 횡포도 어느 정도는 견제할 수 있다.

우리는 아직 스튜어드십 코드를 막 도입하는 단계라서 기술적·사회적 논의가 모두 끝난 것은 아니다. 한동안 혼란스러운 시기를 겪을 테지만, 기금과 회사 그리고 국민 모두 조금씩 익숙해지면서 점차 기준이 강화될 것이다. 그렇게 오랜 시간이 지나지 않아 우리도 노르웨이 국부펀드가 한국전력 투자자금을 철회했듯, 국내 기업들만이 아니라 해외 기업들에 대해서도 윤리성을 요구하는 단계까지 갈 것이다. 상상을 해본다면, 우리나라의 스튜어드십 코드가 오너 기업에 대해서는 세계에서 가장 상세하고 구체적인 조항을 가지게 될 것이다. 우리나라처럼 오너 기업, 특히 대기업 중 오너 기업의 비중이 많은 나라가 없기 때문이다.

그렇다면 이제 남아 있는 미래 쟁점은 스튜어드십 코드를 넘은 소유 문제다. 예를 들면 국민연금이 삼성전자를 소유해도 될 것인가? 지분 관계만 따지면 연기금으로 소유하지 못할 회사는 없다. 최대 주주가 되면 당연히 경영권을 확보할 수 있다. 하지만 정상적이고 일반적인 경우에 연기금이 굳이 회사의 경영권을 확보할 필요가 있을까? 물론 당연하게도 그럴 필요는 없다. 그러나 회사가 위기인 경우 혹은 사회적으로 중대한 문제를 야기한 경우, 연기금의 경영권 행사 자체를 원칙적으로 막을 필요는 없을 것 같다. 유사한 문제점이

나타난 경우가 몇 번 있었다.

2008년 미국의 GM이 파산 직전까지 갔을 때, 공적 자금으로 구사일생한 적이 있다. GM을 국유화하자는 논쟁이 붙었다. 미국은 돈만 지원하고 경영권을 따로 행사하지는 않았다. 하지만 일시적으로 국가가 원한다면 소유할 수도 있었던 상황이다. 우리라면 어떻게 해야 할까? 과거를 한번 돌아보자.

비슷한 시기에 국내에서는 한때 국민 기업으로 불리던 쌍용차에 위기가 왔다. 이걸 외국 기업에 넘기느니 국민 기업으로 전환하자는 논의들이 있었지만, 현실적으로 인수자금을 시민들이 마련할 방법이 없었다. 외환은행과 론스타의 분쟁에서도 연기금이 일정한 역할을 할 수 있는 영역이 존재했다. 연기금을 통해서 문제를 부드럽게 해결할 방법이 있었다. 하지만 우리 정부는 정치적 판단을 다르게 내렸다. 외환은행은 론스타에 매각되었다. 그런 일이 또 벌어지지 말라는 법은 없다. 스튜어드십 코드를 강화해 다양한 방식의 상상력이 움직일 수 있는 여지를 마련하는 게 나쁘지는 않을 것 같다.

국민의 돈 혹은 공적인 돈인 연기금이 투자되는 곳에 최소한의 직장 민주주의를 요구하는 것이 엄청나게 별난 일이 아니다. 기업을 연기금이 소유하겠다는 것이 아니라 최소한 국민들 보기에 '창피하지' 않을 정도로는 운영해달라는 것이다. 직장 민주주의를 연기금 운용 방식과 연동시키는 것은 상장된 주요 기업 특히 오너가 존재하는 오너 기업에 대해서 최소한의 안전장치가 될 것이다. 그리고 실질적으로 많은 기업들이 빠른 속도로 직장 민주주의를 실현하기 위한 장치들을 마련하는 계기가 될 것이다. 회사 경영진은 주식 가치에 생각보다 훨씬 민감하게 반응한다. 국민연금을 비롯한 연기금들이 움직이면 직장 민주주의는 훨씬 빠른 속도로 우리의 삶 속에 자리 잡을 수 있다.

직장 민주주의
위원회

포드Henry Ford와 케네디John F. Kennedy 대통령 사이에는 어쩌면 비극적일 수도 있는 일화 하나가 숨어 있다. 2차 세계대전에 참전한 경험이 있던 로버트 맥나마라Robert McNamara는 하버드 대학의 경제학 교수였다. 그는 1946년 포드 사에 입사했고, 1960년에는 포드의 아들을 대신해서 경영을 맡게 된다. 그래서 포드 사는 진짜로 전문경영인 체계로 조기에 전환하는 기회를 맞는다. 그런데 맥나마라가 포드의 사장이 된 지 5주 만에 새로 미국의 대통령이 된 케네디가 그를 국방장관으로 발탁한다. 그리고 2차 세계대전의 영웅이었던 맥나마라는 점차 베트남전쟁의 암흑 속으로 끌려 들어간다. 맥나마라는 인생의 마지막을 세계은행 총재로 지내게 된다.

이 희대의 경제학자가 포드 사의 전문경영인으로 활약하는 편이 더 좋았을까, 아니면 케네디 정부의 국방장관이 되는 편이 더 좋았을까? 경제학자들끼리 모여 오너의 회사 승계 문제를 다룰 때 늘 나오는 얘기가 바로 이 맥나마라 얘기다. 아들 포드에게 회사를 넘겨줘야 했을까, 그러지 말아야 했을까? 자본주의가 어느 정도 정돈되기 전에 늘 화제가 되었던 질문이다. 하지만 이제 이 질문은 미국에서는 더 이상 '핫한' 질문이 아니다.

한국 자본주의도 시간이 지나고 성숙 단계로 넘어가면, 대기업들에 전문경영인 체계가 자리 잡게 될 것이다. 소유 관계와 경영 관계를 적절히 분리하면서 황당한 일이 벌어지지 않게 하는 것이 21세기에 많은 회사들이 걸어간 길이다. 그러나 아직 우리는 그런 단계로 가지 못했다. 교회든 회사든, 자기 자식에게 주는 것을 목표로 살아온 사람들의 영광이 아직 끝나지 않았다. 가진 자의 오만, 없는 자의 선망, 이 복잡한 사회적 욕망 속에서 승계의 비효율성에 대한 얘기는 아직 충분치 않다. 자, 어쩔 거냐? 그렇게 승계된 회사 내에서 발생하는 비인간적이고 비민주적인 관행을 그대로 방치할 수는 없지 않은가?

우선 앞에서 이미 언급한 바 있는 직장 민주주의 인증제에 대해서 다시 한 번 생각해볼 수 있다. 오너가 경영을 맡은 회사들에는 사장 직속으로 직장 민주주의 위원회를 설치하고, 관련된 사항을 점검하게 하는 방식을 제안할 수 있다. 환경경영이나 윤리경영을 안착시키기 위해 많이 사용하는 방식인데, 그렇게 점검 절차와 매뉴얼을 만들게 하면 장기적으로는 도움이 될 것이다. 외부에서 그 과정이나 결과를 볼 수 있게 보고서를 만들어 공개하는 것이 핵심이다. 좀 더 적극적으로 생각한다면, 역시 정부 입찰과 조달 혹은 연구비 지원 조건으로 직장 민주주의 위원회 설치를 필수적으로 요구하는 방법이 있을 것이다.

직장 내부에서 작성한 보고서가 과연 한국 사회에서 현실적인 영향을 미칠까? 이 시점에서 직장, workplace라는 단어를 좀 진지하게 생각해볼 수 있을 것이다. work + place, 일하는 곳이라는 의미다. 19세기에는 '직장 민주주의'가 아니라 '산업 민주주의'라는 단어를 사용했는데, 이 경우에는 '직장'이라기보다 '기업'에 대한 민주주의라는 의미가 강했다. 노동자와 자본의 대립으로 상황을 보았다. 그런데 직장 혹은 일터는 기업만이 아니라 정부나 공기업 혹은 사회 기관 등 사람들이 돈 받고 일하는 곳 전체를 포괄한다. 우리의 경우, 공기업은 물론이고 공직 사회 전체가 포함된다.

물론 직장 민주주의가 가장 시급한 곳은 오너 혹은 오너 일가의 전횡이 벌어질 가능성이 높은 민간 대기업이다. 그러나 군, 경찰, 대법원, 검찰청 그리고 국정원 등 별로 민주주의와 상관없이 살아온 공무원들 집단 또한 많이 있다. 우리나라 정부는 대통령이 오너인가? 그렇지 않다. 장관이 오너인가? 더더군다나 아니다. 국가기관이든 공기업이든, 진정한 오너는 헌법상 권한을 가지고 있는 국민들이다. 물론 그렇게 생각하는 공무원이 아예 없지는 않다. 백 명 중 한 명쯤은 될 것 같다. 그런데 그런 사람들은 대부분 점점 더 중심에서 멀어져간다. 한직으로 내몰리거나 좌천 직전에 놓인다.

국민이 오너인 곳, 이런 곳에서 국민들이나 직원들이 제대로 대접받고 있을까? 이런 곳에서는 민주주의가 작동할까? 이런 곳은 위계에 따른 철저한 수직 관계에 따라 상명하복해야 하는가? 그곳에서도 상사의 부당한 지시나 인격 모독은 벌어진다. 민간이든 민간이 아니든, 우리가 직장이라고 부르는 곳에 최소한의 인간적 기준이 필요하다.

자, 상상을 해보자. 마치 회사 대표 직속으로 직장 민주주의 위원회를 구성하는 것처럼 장관 직속으로 각 정부 부처에 직장 민주주의 위원회를 만든다면? 이거야 크게 법을 바꿀 필요도 없고, 대통령이나 장관 고시도 필요 없다. 대통령이 결심해도 되고, 총리가 결심해도 된다. 정부 부처 내부의 일이라서 공무원 관리를 담당하는 행정안전부 협조 요청 정도로도 충분하다. 우리의 정부가 직장으로서 일정한 수준의 민주주의에 달하면, 행정 서비스도 좋아지고 정부 품질도 좋아진다. 각 부처별로 직장 민주주의가 향상되게 절차를 개선하고, 무슨 일을 했는지 매년 보고서를 만든다면? 또 직장 민주주의 성과지표에 장관들의 연봉 성과급을 연동시킨다면? 확실히 국민 모두 살기가 좋아진다. 공무원 특히 하위 직급의 공무원들만 좋아지는 것이 아니다.

어떤 일들은 민간기업에 먼저 시키는 것이 더 효율적인 경우도 있지만, 직장 민주주의의 경우는 공직 사회부터 먼저 시작하는 게 더 효율적이다. 그리고 그렇게 생겨난 모범 사례와 유형화를 통해서 직접 그런 실험을 추진하기가 어려운 작은 규모의 기업들에게 참고 사례를 제공할 수 있다. 공무원부터 시작하고 그다음에 오너 있는 대기업들, 그리고 점차 가족기업 형태에 가까운 소규모 기업들로 넓혀나가는 것이 가장 빠르고 신속하게 한국에서 직장 민주주의를 확산시킬 수 있는 방법이 아닐까 한다.

소규모 기업에서의 민주주의는 여전히 어려운 질문이다. 직장 민주주의와 관련된 작업을 하면서 가장 많이 받은 질문이 5인 이하 사업장의 경우다. 솔직히 제도적 해법을 찾기는 쉽지 않다. 이런 작은 사업장에는 노조도 없고, 제도적으로 직장 민주주의에 관한 경영 시스템을 탑재하도록 유도하기도 쉽지 않다. 그렇지만 자발적으로 직장 민주주의 프로그램을 만들도록 권장하고, 많은 정책들에서 사용하는 감세 등 인센티브를 디자인할 수는 있다. 시간은 걸리겠지만 사회 분위기가 따라준다면 소규모 기업들에도 직장 민주주의가 꽃피울 날이 올 것이다.

외국에서는 노동조합 그리고 노동조합이 만든 정부가 직장 민주주의를 주도했는데, 우리도 노동조합을 통해 요구를 관철시키는 것이 가장 빠른 방법 아니냐는 반론이 있을 수 있다. 지금도 회사 안에 직장협의회 등의 장치가 있어 경영자와 노동자가 협의하게 되어 있다. 하물며 그것도 제대로 작동되지 않는데, 위원회 하나를 추가하는 것이 과연 효율적인지, 보여주기 아니냐는 비판도 있을 수 있다. 맞는 말이다. 그러나 한국에는 또 한국의 형편이 있는 것 아닌가? 우리처럼 낮은 노동조합 결성률로는 대한민국 모든 회사에서 동시에 뭔가를 추진하기 어렵다. 노조 없는 회사를 염두에 둔다면 직장 민주주의 위원회를 각 직장에 설치하게 하고, 보고서를 통해서 그 회사의 상황을 공개하는 것이 가장 부드럽고도 효과적인 수단일 것이다.

5장

**우리 직장
민주주의**

우리나라 직장에서 벌어지는 일들은 애환이라고 표현하기에는 충분치 않다. 때때로 호러 그것도 극강의 호러로 치닫는 경우도 있다. 내가 본 가장 충격적인 죽음은 2008년 SBS 본사 23층에서 뛰어내린 어느 막내 작가의 경우였다. 22세 여성, 무엇이 그녀를 일하다 직장 옥상에서 뛰어내리게 만들었을까? 졸저 《문화로 먹고살기》는 이 죽음의 안타까움을 조금이라도 줄여보기 위해서 쓴 책이었다.

촛불집회가 끝나고 정권이 바뀌었다. 2018년 여름 쌍용차 해고 노동자의 서른 번째 죽음, 안타까운 자살이 발생했다. 도대체 직장이 뭐길래, 단일 사안으로 30명이나 죽는 일이 벌어졌을까?

아침 방송에 출연하던 시절, 삼성반도체에서 근무하다 백혈병으로 숨진 황유미 씨의 부친 황상기 씨와 길게 전화통화를 한 일이 있었다. 나는 패널로 그 방송에 참여했는데, 생방송 중에 울음이 터져 나왔다. 삼성반도체에서 벌어진 죽음들은 반올림(반도체 노동자의 건강과 인권 지킴이)이 결성되면서 사회화되었다. 그리고 11년 만인 2018년에 합의를 이루었다. 그렇지만 더 작은, 덜 유명한 직장 어느 곳에선가 황유미 씨처럼 새로운 위험을 만나고 있는 사람들이 여전히 많을 것이다.

이렇게 직장에서 벌어지는 많은 일들을 담기에 '직장 민주주의'라는 단어는 그릇이 너무 뻥뻥하다. 사회과학의 언어는 우리가 느끼는 안타까움에 비해 너무 무덤덤하다. 좀 더 감각적이며 인간적인 언어는 없을까? 잘 모르겠다. 정확한 언어는 감각적이지 않고, 감각적인 언어는 순간 공감을 일으키지만 해법으로 우리를 인도하지 않는 경우가 많다. 민주주의라는 단어는 어떤가. 이건 TV 속에나 나오는 얘기 같다. 아우라가 넘치고, 과거 경력이 화려하고, 많이 배운 사람들이 하는 얘기 같다. 그에 비하면 우리가 다니는 직장은 너무 초라하고, 여기에서 민주주의 얘기 같은 거 하면 안 될 것 같다. 그나마 삼성쯤이나 되어야 뭐라도 해보지, 더 작은 노동 현장에서 벌어지는 일들을 누가 신경이나 쓰고, 신문에서 다루어주기나 할까? 이런 소박하지만 근본적인 절망들을 자주 만났다.

이 장은 어디엔가 있을 당신의 직장이 결국 지금 우리가 지금 말하고 있는 직장 민주주의의 현장이며, '당신의 직장'이 곧 '우리의 직장'이라는 공감대를 형성하기 위한 시도다. 여기에서 다루는 사례들은 궁극의 정답을 찾기 위한 것이 아니라 직장 민주주의라는 개념이 현장별로 어떻게 적용될 수 있는지를 보여주는 용례 정도로 생각해주면 고맙겠다. 자료 작업이 있었고, 내부 인사들과의 인터뷰 작업이 있었다.

저자로서 내가 이 장에서 기대하는 것은 하나다. SBS의 막내 작가가 자살을 결심하기 전에, 주변 동료나 상사에게 한번 항의라도 해보자는 생각을 할 수 있게 도움이 되고 싶다. "직장 민주주의라는 개념이 있어요. 그리고 이렇게 우리나라에서도 노력하고 있어요. 지금의 상황은 개선될 수 있어요." 이런 얘기를 뒤늦게라도 하고 싶다. "그러니 자살은 좀 더 생각해보고 나중에 해도 되잖아요." 이런 얘기를 듣고 누군가의 마음이 움직인다면 좋겠다. 직장생활이 해피엔드까지는 아니라도 호러물이 될 필요는 없지 않은가? 그 둘 사이의 간극이 직장 민주주의다. 누군가를 행복하게 해주기는 쉽지 않더라도, 극단적인 비극으로부터 구할 수는 있을 것 같다.

자신이 지금 다니는 회사의 이름에 '민주주의'를 붙이면, 그게 우리의 직장 민주주의다. 내가 지금 KBS라는 직장에 다니고 있다면, 'KBS 민주주의'라는 개념이 존재할까? 물론 당연히 존재한다. 우리가 그걸 만들어나갈 테니까.

KBS 민주주의,
고품격 다양성을 위하여

일본에서 들은 얘기다. "평소에는 NHK를 엄청나게 욕하다가, NHK가 부르면 쪼르르 달려오는 사람", 이게 일본에서 지식인의 정의란다. 일본 지식인이라면 좌우를 막론하고 NHK를 욕하지 않는 사람이 없다. 그 얘기를 듣고 한참 웃었다. 한국 지식인들도 별로 다르지 않은 것 같다. KBS 욕은 엄청 하지만, KBS가 부르면 다들 뛰어나간다.

　종합편성 채널과 케이블 방송이 늘어났고, 팟캐스트도 많이 생겼다. 보수정권 10년 동안 KBS의 인기는 물론 권위도 많이 떨어졌다. 독점적 지위는 거의 사라지다시피 했다. 그래도 여전히 KBS가 중요한 방송이기는 하다. 출연료 수준 등 많은 분야에서 여전히 KBS는 한국 방송의 기준이다. KBS 출연료가 결정되면, 여기서 출연료를 조금 높이는 것을 전략으로 삼는 방송국이 있고, 여기서 조금 낮추는 것을 기준으로 삼는 방송국이 있다. 외주 제작사의 비용과 처우 등도 여전히 KBS가 기준이 되는 경우가 많다. 독점적 영향력은 이제 많이 사라졌지만, 그래도 여전히 방송계에서는 중요한 기준점이다. 그렇게 한국 방송계가 움직인다. 그런 이유로 직장 민주주의 관점에서 KBS를 살펴보는 것이 도움이 될 것이다.

먼저 오너 민주주의라는 기준으로 보자. 일반 공기업과 마찬가지로 KBS는 오너가 없고, 있다면 국민이다. 그렇지만 말만 '국민의 방송'이지, 정권 소유처럼 여겨진 것도 사실이다. 사장이 누구냐에 따라서 파업이 벌어지고 극단적인 갈등이 생겨난다. 그리고 내부 구성원들도 입장에 따라서 쫙 갈라진다. 보수정권이냐 진보정권이냐, 혹은 민주주의 정권이냐 권위주의 정권이냐? 원칙적으로는 어느 정권이 되더라도 공영방송을 크게 흔들어서는 안 된다고 모두 얘기하지만, 현실도 그렇지는 않다. 지금까지는 사장이 바뀌면 방송 논조와 진행자들 성향이 크게 바뀌어왔다.

노동당과 보수당 사이에서 정권이 바뀌는 영국의 BBC는 우리처럼 정권에 따라 많은 것이 바뀌지는 않는 듯하다. 방송 품질 면에서 세계 최고로 꼽힌다. 그럼 BBC는 어떻게 할까? 공영방송 관련 논의에서 갑자기 국왕이 튀어나온다. 아 참, 영국은 국왕이 있는 입헌군주국이었지? 국왕과 맺은 약속인 '국왕칙령royal charter'이 BBC의 성격을 규정하는 가장 중요한 기본 문서다. 그다음에 '기본합의framework agreement'라고 하는 정부와 맺은 약정서가 방송국 운영에 관한 세세한 사항을 규정한다. 그리고 BBC에도 자체적인 운영방침인 '의정서protocols'가 있다. 형식만 보면 BBC는 정권을 대표하는 수상이 아니라 국가의 공식 대표인 국왕, 즉 엘리자베스 여왕Elizabeth II과 계약을 한다. 원칙적으로 정권과는 별 관계가 없다. 이상적인 방식이기는 하지만 우리가 국영방송의 공정성을 위해서 다시 왕을 세우는 입헌군주국으로 갈 수는 없다. 우리 방식으로 답을 찾을 수밖에 없다.

미국 검사들이 주州법관과 검사를 선거로 뽑듯이 KBS 사장도 국민이 직접 뽑자는 얘기가 없지는 않다. 그러나 아직까지는 매우 미흡하다. 청와대에서 어떻게 마음을 먹느냐에 따라서 많은 것이 움직일 수밖에 없다. 그래서 누군가 공영방송을 정권 취득에 따른 전리품이라고 비유한다고 해도 현재까지는 반박하기가 어렵다. 좁게 보면 이 문제는 언론학에서 얘기하는 방송의 공정성 문제일 수도 있고, 민주주의와 언론 혹은 민주주의와 방송의 문제일 수도 있다.

그런데 이 질문을 오너 민주주의라는 관점에서 살펴보면? 과연 사장 혹은 정권 입맛에 좀 맞지 않는 방송을 만들거나 관여했다고 해서 함부로 직원들을 해고하거나 좌천시켜도 되는 것일까? 정권이 임명한 사장의 횡포에 대항해서 파업 중인 직원들의 소소한 부적절한 지출 금액이나 행정적 미비점들을 죽어라 찾는 게 과연 감사의 올바른 기능일까? 감사는 직원들의 비리만이 아니라 경영진의 잘못된 운영에 대해서도 견제하는 것이 역할 아닌가? 국민이 오너라는 관점은 KBS의 현실에서 무시되기 마련이다. 공영방송이 선거 승리에 따른 전유물이라는 관점은 이제 버릴 때가 되었다. 공영방송에 대해서 좀 더 성숙한 시각을 가지기 전까지는 선거가 끝나면 매번 "사장님 나빠요", 이런 곡소리가 나오게 될 것이다.

KBS를 팀장 민주주의라는 관점에서도 한번 생각해보자. 돌아보면 우리는 정권을 포함한 큰 의미의 민주주의 안에서 방송의 역할에 대한 질문을 던졌지, 직장으로서의 방송국 내 민주주의에 대한 질문은 거의 던진 적이 없다. 사장의 명령이 국장, 부장, 팀장을 따라 움직이는 위계 구조에서는 권한이 현장에 주어지기 어렵다. KBS 기자가 이런 얘기를 해주었다.

"편집회의 때 국장이 그냥 다 얘기하고, 부장이나 팀장은 일절 말이 없어요. 중요한 방향 결정은 그렇게 끝나버렸어요. 그 후에 부장이나 팀장은 국장 심기 건드리지 않으려고 그 방향으로 그냥 갔고요."

사장에게 직접 지시받았거나 사장의 심기를 알아차린 국장이 현장 분위기를 전부 결정해버리는 문제가 심각해지면서 사장의 국장 임명에 대해 찬반 투표에 의한 동의제가 도입되기도 했다. 편성과 규약을 일방적으로 결정하는 것에 대항하려고 노조가 참여하는 공정방송위원회나 기자협회가 연관된 보도위원회도 만들어졌다. 실무진이 사장의 부당한 결정에 저항하기 위한 최소한의 장치들은 마련되어 있는데, 별로 실효성은 없는 모양이다. 국장은 사장 눈치 보고,

사장은 청와대 눈치 보는 이런 강압적인 분위기에서 민주주의를 위한 제도가 활성화되기는 어렵다.

KBS를 직장 민주주의 관점으로 본다면, 수직적 위계가 정권과 관련되어 비정상적으로 활성화된 상태라고 할 수 있다. 상대적으로 EBS가 방송국 중에서는 수직적 위계가 가장 덜한 것 같다. 또 다른 시각으로 보면 입사 선후배로 구성된 선후배 문화가 KBS의 직장 민주주의 장애 요소 중 하나일 것이다. 많은 공기업이 그렇듯이 공채로 들어온 직원들 사이에 자연스럽게 위계가 형성된다. 일부 IT 기업 등 혁신적인 기업에서는 일본식 선후배 문화에 따른 위계 현상을 줄이기 위해서 별명을 부르거나 영어 이름을 부른다. 직장으로서 KBS는 선후배 위계를 줄이기 위한 노력이 거의 없고, 그래야 한다는 인식도 없는 것 같다. 21세기, 문화와 진실의 첨단을 달리는 사람들에게서 선후배 놀이라니, 희극적인 일이다.

정규직 사이의 문제만이 아니라 비정규직 혹은 외주 제작사와의 문제도 심각해 보인다. 직장 간 민주주의라는 표현을 쓴다면, KBS 역시 직장 간 민주주의는 '개판'이다. 그리고 이게 문제라는 의식도 별로 없는 것 같다. 물론 비정규직 작가와 스태프의 열악한 처우와 협업에 관한 문제는 KBS만의 문제는 아니다. 크게 보면 정규직과 비정규직의 관계를 어떻게 설정할 것인가는 방송국만이 아니라 우리나라 전체가 지금 혼돈과 갈등을 겪는 중이다. 돈을 얼마나 주느냐, 계약을 다시 하느냐 마느냐는 민주주의의 문제라기보다 금전적인 문제이긴 하다. 그렇다고 결정권을 가진 담당자가 약자인 비정규직들에게 너무 일방적인 권한을 행사하거나 자의적으로 결정을 하는 것은 옳지 않다. 정당한 권한 행사와 일방적 폭력은 종이 한 장 차이다. '갑질의 현장'이라고 하면, KBS도 예외는 아닌 것 같다.

KBS는 사장이 누구냐에 따라서 회사 전체의 기조가 결정되고, 방향이 좌우되었다. 그 과정에서 직장 민주주의가 제대로 발전하고 자리 잡을 겨를이 없었다. 젊은 피디나 기자들은 이런 흐름 속에서 무력감을 느끼는 경우가 많은 것 같았다. 게임 양상이 이렇게 흘러가면 '이기는 편 우리 편' 전략이 최고가 된다. 시험에 통과해서 취업에 성공한 방송인들 몇 명 먹여 살리려고 우리가 공영방송 유지하는 것이냐? 이건 좀 아닌 것 같다. KBS에 직장 민주주의가 앞으로의 핵심 과제인 이유는, 사장이 누구든 강력한 위계로 조직 전체가 장악되거나 끌려가는 일을 최소화하기 위해서다.

정치 세계에서는 좌/우 혹은 진보/보수의 눈으로 세상을 보려고 한다. 그렇지만 우리가 살아가는 세상은 그렇게 이분법적이지 않다. 경제생활 역시 그 두 축에 모두 환원되지는 않는다. 전체적으로 보자면 KBS는 지금까지 진보와 보수라는 두 가지 축만 지나치게 강조되면서, 이 두 가지 시선이 과잉대표되었다고 할 수 있다. 그러나 나양성이라는 관섬에서, 우리에게 이 두 가지 시각만 있는 것은 아니다. 환경이나 생태는 물론이고, 젠더, 청년 혹은 지역경제 등 정치적 이념으로는 전부 설명되지 않는 주제들이 등장한다. 지나친 중앙주의 그리고 획일적 진보/보수의 논의 구조는 모든 국민이 보는 공영

방송의 다양성을 침해한다. 너무 정치적으로 수많은 요소들을 해석하고, "우리 편에 불리해, 안 불리해?" 벌겋게 눈뜨고 쳐다보는 사장이나 감사 혹은 팀장들의 힘이 너무 강해지는 것은 장기적으로 우리 모두에게 불리하다. 돈줄을 쥔 정부 눈치 보지 않고, 과감하게 미래 의제를 제시할 수 있는 매체 하나 정도는 있어야 한다.

그런 점에서 KBS 직장 민주주의의 장기 목표는 '고품격 다양성'이라고 하고 싶다. 월급 많이 줄 테니까 입 다물라는 것은 전두환 시절 군사정권이 언론에 대해서 했던 정책이다. 그런 건 고품격이 아니다. 청와대에서 던져주는 뜻을 잘 전달하는 것도 고품격은 아니다. 스스로 생각하고 스스로 계획하는 단위, 이들이 더 자율적으로 다양성을 찾아가는 것, 이걸 고품격 다양성이라고 할 수 있을 것이다. 피디든 기자든 새로운 것, 그동안 해보지 않은 것, 혹은 우리가 아직 익숙하지 않은 주제들을 더 많이 다룰 수 있게 하는 것 또한 방송국에서 직장 민주주의의 기능이라고 할 수 있다. 다른 방송들은 협찬이 필요하고 시청률이 필요해서 시도할 수 없는 고품격 다양성이 살아 있는 상태가 바로 KBS 직장 민주주의의 목표다.

아픈 시대를 지나왔다. KBS는 한국의 민주주의를 오랫동안 고민한 집단이다. 이제 잠시 멈추어서 직장으로서의 KBS 민주주의라는 주제에 대해서도 고민해보면 좋겠다. 그게 길게 볼 때 진짜 민주주의로 가는 길이다.

아시아나 민주주의,
그들도 행복할 수 있을까?

그 손편지를 시작으로 중간간부들의 충성이 지나치게 된 거죠. 회장님을 위한 이벤트를 기획하게 된 겁니다. 천 마리의 종이학은 휴직 내내 회장님을 생각하며 한 마리 한 마리 정성껏 감사의 마음으로 접었다고 말하게 교관들이 시켜서 그걸 회장님께 드린 겁니다.

_CBS 라디오 〈김현정의 뉴스쇼〉, 2018년 7월 10일

음성변조를 통해서 흘러나온 아시아나항공 승무원의 목소리는, 소문으로만 떠돌던 국내 항공사의 황당한 관행을 우리에게 적나라하게 알려주었다. 회장님이 대체 뭔데! 법적으로 당연하게 주어지는 출산휴가 세 달을 마치고 그에게 감사 편지를 쓰게 하고, 종이학을 접든 사든 어떻게든 구해오게 했다. 이게 글로벌 회사라는 대한민국

대표 항공사에서 21세기에 벌어진 일이란 말이야?

아시아나 홈페이지에 공개된 '2016년도 지속가능성 보고서'에 따르면, 아시아나 그룹의 비전이 '아름다운 기업, 아름다운 사람'이다. "직원들이 즐겁게 일하고 만족할 수 있는 직장을 최우선으로 추구하여 미션과 비전 달성을 위해 모든 직원과 함께 고민하고 노력하는 '직원과 함께하는 기업'"이 아시아나가 말하는 아름다운 기업이다. "열정과 집념을 가지고 각자 자기 분야에서 자기 역할을 다하는 사람"이 아시아나가 생각하는 아름다운 사람이다. 아름다운 얘기다. '직원과 함께하는 기업', 직장 민주주의에 대한 정의 그 자체다. 그리고 그 세부 항목으로 직원과의 관계를 이렇게 규정하고 있다.

- 기업의 중심은 바로 사람이라는 인본주의에 바탕을 둔 인재경영
- 즐겁게 일하고 만족할 수 있는 직장을 최우선으로 추구

아시아나는 윤리경영은 물론이고, 안전, 환경, 공정거래 등 현대 기업들에 요구되는 많은 요소에 대해서 직원 만 명이 넘는 대기업답게 선진적인 경영 시스템을 갖추고 있다. 외부 기관의 인증도 받았다. 앞으로 창창하게 회사가 번영할 일만 남았는가?

그렇지는 않다. 2018년 봄, 경쟁사인 대한항공에서 조현민의 '물벼락 갑질'로 대표되는 오너 일가의 횡포가 사회 문제로 떠올랐다. 그리고 얼마 되지 않아 기내식 공급이 차질을 빚으면서 아시아나 항

공 사태가 시작되었다. 게다가 점점 드러나기 시작한 '회장님'의 성희롱 사건은 순식간에 대한항공을 뛰어넘는 거대 충격파가 되었다.

> 회장님이 저희가 안 안아줬다고 되게 서운하다고. 그럼 '회장님' 이러면서 안아드리고 또 '사랑합니다' 해드리고. (손을) 깊숙이 잡아라, 안을 때도 꽉 안아라, 이런 식으로 지시를 하시죠.
> _KBS 뉴스 〈"새빨간 장미만큼 회장님 사랑해"…아시아나 갑질 영상〉,
> 2016년 7월 6일

봉건 왕조를 연상케 하는 이 황당한 일들이 버젓이 벌어졌다. 속으로는 어떨지 몰라도, 겉으로 드러난 회사 간부들의 말과 행동에는 이게 문제라는 인식도 거의 없었다. 급기야 세종문화회관 앞에서 한국을 대표하는 두 항공사 직원들이 같이 가면을 쓰고 집회를 하는 일이 벌어졌다. 해법은 쉽게 보이지 않았다. 결국 두 회사 직원들은 집단으로 단상에 올라 가면을 벗었다. '아름다운 기업, 아름다운 사람'? 여기야말로 한국 직장 민주주의의 최전선이 아닐 수 없다.

그 혼돈 한가운데에서 전직 아시아나항공 사람을 만났다. 승무원 출신으로 노조활동을 통해서 정의당 서울시 의원이 된 권수정 의원. 나는 마음이 너무 답답했다. 두서없이 과연 이 문제가 해결될 수 있을지부터 먼저 물었다.

"해결 안 됩니다."

의문의 여지가 없다는 듯, 그녀는 약간은 단호하게 대답했다. 그녀는 재벌과 금융 등 경제 시스템 전반에 걸쳐서 고착된 문제점을 얘기했다. 문제를 해결하기에는 국토교통부는 너무 관심이 없고, 기획재정부는 고착된 구조의 문제에 손을 댈 생각이 없다는 것이다. 정리해보면, 아시아나는 독일 항공사인 루프트한자와 정반대의 길로 가고 있다. 안전, 성과, 정시성 등 항공사에서 중요하게 생각하는 기준이 존재한다. 그 기준에 따라 항공사는 정비와 훈련을 적절히 보장하되 신뢰와 함께 이윤을 올릴 수 있는 방법을 찾는다. 그렇지만 아시아나의 경우는 이윤을 높이느라 다른 것들을 조금씩 희생하고 있었다. 내부 여성 집단이 제공하는 서비스의 여성성을 지나치게 강조하는 것은 보너스다. 그럼 왜 아시아나만 다른 방식으로 움직이는가?

우리끼리 '마루타'라는 은어를 가끔 쓴다. 오너의 폐해 혹은 주주 자본주의의 폐해로, 특정 업체에서 돈만 빼가고 재투자 등 필요한 돈을 지출하지 않을 때 사용하는 말이다. 그녀는 아시아나가 마루타 맞다고 했다. 인건비 비중은 매출의 10% 내외인데, 그것도 어떻게든 줄이려는 것 같았다. 무리가 생기지 않을 수 없다.

아시아나는 보잉과 에어버스 등 다양한 기종의 비행기를 가지고 있는 것이 특징이다. 왜 이렇게 다양한 기종이 필요할까? 그녀는 리베이트 가능성을 얘기했다. 비행기를 주문하면서 비행기 값의 일부를 모종의 방식으로 되돌려 받는 리베이트가 발생할 여지가 있다.

기내식 사태도 결국에는 이런 리베이트 때문이지 않을까, 많은 사람들이 추정한다. 이렇게 필요 이상으로 기종을 다양화하다보니까 기장과 정비사에게 혼란이 생길 수밖에 없다. 어떻게 이런 일이 장기적으로 이렇게 관리되지 않고 벌어진 것일까? 사태는 점점 미궁으로 빠져들어간다.

오너 민주주의라는 눈으로 보면 아시아나는 오너 리스크가 엄청나다. 자기 회사랑 상관도 없는 곳으로 이윤이 흘러가고, 인력이 턱없이 부족한데도 돈 없다고 제대로 충원시키지 않는다. 아시아나 노조는 공군 출신 조종사 노조 등 조종사 노조가 복수로 있고, 승무원 노조가 따로 있다. 조종사는 조종사대로 비정규직 조종사 투입을 막는 중이다. 현재는 기장에 한해서만 외국인 기장이 허용되어 있다. 세월호 사건 때 보았듯 선박 조종에 비정규직이 투입된 것처럼, 비행에도 벌써 비정규직을 투입하려는 것을 가까스로 막고 있는 상황이다.

"제광제부서, 이게 국내선 하루 일과예요."

그녀가 국내신 승무원의 현황을 한마디로 요약해준 말이다. 제주에서 출발, 광주로 갔다가 다시 제주, 그리고 부산을 거쳐 서울에서 하루 일정 마무리. 이 살인적인 일정이 국내선에서 벌어진다는 것이다. 일반적으로 외국 항공사에서는 국내선이 국제선보다 선호된다고 알려져 있다. 출퇴근 근무가 가능하니까 좀 더 정상적이고 일반적인 생활이 가능하다. 그런데 우리나라에서는 정반대다. 국내 노선 근무가 너무 힘들고, 수당도 국제선 쪽이 더 유리하단다. 인건비를 너무 줄이다보니까 격무가 기본이 되었고, 그래서 비인간적인 편성을 감수하게 된 것 아닐까?

팀장 민주주의라는 눈으로 보더라도 영 엉망이다. 밉보이면 징계의 의미로 근로 조건이 비인간적으로 가혹한 국내선으로 쫓겨난다. 당사자들은 이걸 좌천으로 받아들인다. 알아서 '기는' 수밖에 없도록 디자인되어 있다. 격한 업무에 적은 인력 투입 그리고 관리자들의 무관심과 방조, 그 속에서 마치 병원 간호사들의 '태움' 현상과 비슷한 일들도 벌어지는 것 같다. 승무원들 사이에는 서열도 강하고, 기수 문화도 강하다. 기수 문화에 대해서 물어봤다.

"당연히 있죠, 저는 37기예요."

위로는 오너가 지나치게 많은 이윤을 빼먹는 '마루타' 현상이 진행되고, 아래로는 서열에 따른 위계 폭력이 벌어진다. '회장님'의 성희롱 사건에서 보았듯 형편없는 젠더 민주주의는 말할 것도 없다. 승무원 노조가 따로 있지만, 회사는 여승무원들은 '신분'이 다르다고 상대하지 않으려는 경향도 있는 것 같다. 전형적인 남존여비 현상이다.

해법을 찾을 수 있을까? 국토교통부와 공정거래위원회 등 큰

176

차원에서 항공사 오너에 대한 관리가 반드시 필요할 것이다. 또 아래쪽에서 위계를 완화하도록 직장 민주주의 위원회 등을 통한 적절한 직장 민주주의 역시 시급해 보였다. 인사 상무라는 직책이 아시아나 전체의 노동팀 팀장이다. 여기부터 직장 민주주의라는 개념을 탑재할 필요가 있을 것 같다.

지난여름, 많은 위험을 무릅쓰고 아시아나와 대한항공 직원들이 길거리로 나섰다. 겉으로는 '갑질 폐지'를 외쳤지만 속으로는 좀 더 깊은 구조적 문제들이 걸려 있었다. 이건 단순히 아시아나나 대한항공의 문제만은 아니다. 언제든 우리는 비행기를 타게 된다. 안전이 걸려 있다. 불편은 참을 수 있지만, 위험은 참을 수 있는 문제가 아니다. 좀 질이 낮은 서비스를 참으면 되는 문제가 아니다. 우린 조금 더 민주주의적이고, 조금 더 성숙한 비행을 즐길 권리가 있다.

비행기에도 민주주의가 필요할까? 당연한 말씀이다. 우리가 깜박깜박 잊는 것들이 있다. 우리의 안전을 책임지는 사람들이 행복해져야 우리도 안전해진다. 우리의 안전을 위해서 그들의 행복을 기원해야 한다. 안전과 민주주의, 따로 다니는 주제가 아니다.

병원 민주주의,
나도 아픕니다

직장이라는 공간이 원래 이렇게 비인간적인 곳이었나. 만약 직장이
이처럼 폭력적이고 비인간적인 곳이고, 그런 상황들을 감내하는 것
이 당연하게 여겨지는 곳이라면, 직장은 민주주의 시민 사회에서 없
어지거나 계몽이 필요한 마지막 공간일 것이다.
_'행동하는 간호사회' 김소현 간호사의 메모 중

2018년 설 연휴 기간, 이전 해 9월에 아산병원에 입사한 한 간호사
가 자살했다. 아파트에서 뛰어내려 단지 화단에서 숨진 채 발견되었
다. 그녀는 죽기 전 자신의 핸드폰에 "업무 압박과 선배 눈초리에 의
기소침해지고 불안해졌다"고 메모를 남겼다. 두 달 뒤 경찰은 '혐의
없음'이라는 결론을 내고 내사를 종결했다.

병원이 긴장감이 높은 곳이기는 하다. 그렇지만 엄연히 여기도 직장이다. 누군가 자살할 정도로 힘든 곳이면 마땅히 문제점을 살피고, 그런 일이 벌어지지 않도록 조치하는 게 당연하다. 결국 간호사들이 거리로 뛰쳐나왔다. 올해 초의 일이다. 그리고 어느새 한 해가 저물어간다. 과연 뭐가 좀 변했을까? 누군가 죽거나 혹은 그 정도로 충격적인 문제가 생기면 사람들이 잠깐 관심을 갖는다. 담당 공무원들도 계획서를 쓰거나 개선 방안을 만들어낸다. 그리고 2~3년 후에 다시 그 문제를 살펴보면, 근본적으로는 아무것도 변하지 않은 채, 용어들만 바뀌는 경우가 많다. 불행하지만 한국은 오랫동안 그렇게 움직였다.

병원 없는 나라는 없다. 그런데 왜 간호사들의 '태움'은 한국에서만 벌어지는 것일까? 한국에 존재하는 대부분의 조직 특히 기업들은 일본에게 전수받은 군대식 모델에 기반해 있다. 그런데 정작 일본 병원에도 이런 정도의 태움 현상은 없단다. 그럼 뭐야?

한 간호사의 자살과 함께 간호사들 사이의 괴롭힘인 태움이라는 오랜 관행이 사회 논쟁의 한가운데로 들어오게 되었다. 2018년 3월, 연세대학교 신촌 세브란스 병원에서는 '반말 금지' '인격모독 금지' '태움 근절' 등의 문구가 적힌 배지를 간호사들에게 나누어주었다. 대한간호협회는 '행복한 간호사'라고 적힌 배지를 간호사들에게 달게 했다. 군사정권 시절에나 하는 서로 민망한 일이고, 문제를 인권의식 부족한 간호사들 탓으로 미루는 일이다. 병원에서의 이상한 일이 간호사들 사이에서만 일어나는 것도 아니지 않은가? 더 은밀하고 더 깊숙한 의사들 사이의 일에도 배지를 달라고 하면서 해법을 모색할 것인가? 다 큰 간호사들에게 배지 달고 서로 조심하라고 하는 것, 그게 우리의 병원 문제를 키워온 의식의 근본 아닐까?

꼬리를 무는 질문들에 대답을 찾기는 어려웠다. '행동하는 간호사회' 소속의 김소현 간호사를 찾아갔다. 기온이 40도 가까이 오른 폭염의 어느 여름날이었다.

"국공립이나 민간이나, 태움은 마찬가지인 것 같아요… 그 대신 인력을 좀 많이 투입하는 병원과 그렇지 않은 병원 사이에는 확실히 차이가 있는 것 같아요."

우리나라 인구 대비 간호사 비율은 인구 1,000명당 3.5명으로 OECD 국가 평균의 절반 수준이다. 간호·간병 통합 서비스 정책과 고령화 등으로 점차 더 많은 간호사가 필요하게 될 것이다. 그런데 어렵게 취직한 간호사들이 1년 이내에 약 3분의 1, 33.9% 정도가 그만둔다(2016년 병원간호사회 자료). 일본은 7.5% 정도다(2011년 보건복지부 '간호사 근무환경 및 처우 개선대책' 보고서). 앞으로 점점 더 많은 간호사가 필요한데, 현실은 병원에 적응하지 못하고 그만두는 신입 간호사가 너무 많은 상황이다. 지금 같은 청년 실업 상황에서 정규직 간호사가 이렇게 많이 그만두는 것은 일이 너무 힘들거나 거칠어서 아닌가? 어렵게 병원에 취업해서 정규직이 되었는데, 1년도 안 되어 사직서를 쓰게 된 그 한 명 한 명은 얼마나 피눈물이 났을까?

정부는 높은 퇴사율 원인이 간호사들 사이의 태움이나, 서로 차례 기다려서 아이 가지라는 임신 순번제 같은 인권 문제라고 보는 것 같다. 가끔 젠더 문제의 한 특수 형태로 태움을 거론하는 경우가 있기도 하다. 그렇지만 이건 인권이나 젠더 문제라기보다는 비용의 문제에 더 가깝다.

병원의 수익은 건강보험에서 나오는데, 이중 간호사의 일에 대한 대가를 '간호수가'라고 부른다. 이게 너무 낮다. 전체 비용의 3% 정도밖에 안 된다. 의료 서비스를 유지하는 비용은 약품과 기자재 비용, 의사 기여도, 그리고 간호사 기여도로 구성된다. 지금까지는 환자를 치료하는 데 간호사가 무슨 대단한 기여를 하겠어, 생각하고 별로 인정하지 않은 셈이다. 그나마도 김대중·노무현 정부 시절 간호사 출신들이 보건복지부 장관을 하면서 좀 개선된 것이 현재의 상황이다. 간호사에 대한 사회적 필요성이 높아지고 정책적 수요도 높아지는데, 막상 병원에서는 간호사를 더 고용할 만한 경제적 유인이 별로 없다.

근본적으로는 간호사들의 의료 기여도에 대한 수가 계산 자체를 바꾸어야 한다. 현재는 '병상 수 대비 간호사 수'라는 기준을 쓰는데, 이런 기준에서는 병상이 별로 없는 작은 병원이나 지방 병원은 환자는 많아도 간호사를 덜 쓰려는 경향이 생긴다. 현재 정부가 생각하듯 '병상 수 대비 간호사 수'를 '환자 수 대비 간호사 수'로 바꾸는 것 정도는 조삼모사에 가깝다. 서울의 큰 병원에 유리한 기준을 작은 병원과 지방 병원에 맞게 바꾸는 것인데, 그게 그거다.

"밑 빠진 독에 물 붓기죠."

'행동하는 간호사회' 측에서는 사회에서 간호사 수요가 늘어나니까 간호대학 정원을 늘리려는 정부의 조치를 이렇게 간단히 표현했다. 간호사들은 3교대로 일하는데, 이게 말만 3교대지, 미리 정해준 조에 의해서 순번이 돌아가는 산업계의 교대제와는 전혀 다르다. 간호사들의 3교대는 순번이 없어서 근무시간이 완전히 불규칙적으로 정해진다. 물론 원하는 시간을 신청하기는 하지만, 신입일수록 그냥 남는 시간대에 배정된다. 다음 달에 언제 일하게 될지 아무도 모른다. 야간근무가 많은 신경외과나 흉부외과는 회피 부서가 되고, 이른바 '낮병동'이라고 하는, 주간근무 위주로 돌아가는 곳들이 '꿀파트'가 된다.

변칙적으로 운용되는 3교대가 최소한 산업체에서 많이 운용되는 4조 3교대 수준으로 가기 위해서는 간호사 인원이 지금보다 최소 20~25% 증가해야 한다. 일도 불규칙하고 격무에 시달리니까, 사실상 겨우 몇 달 먼저 배치된 동료 간호사가 간발의 차로 뒤에 들어온 간호사들을 괴롭히는 태움이 벌어지는 것 아닌가? 인구 대비 간호사 인력이 OECD 절반이라는 수치는 이런 특수 구조에서 발생한다. 해결은 여기에 집중되어야 한다.

만약 공장 돌리는 산업 분야에서 이런 식으로 인력 확충에 문제가 있으면 회사에 별의별 해괴한 일들이 생기고 벌써 문 닫았을 것이다. 제조업 특히 수출 관련 대기업이었다면 이렇게 황당한 변칙 3교대가 돌아가도록 방치하지는 않았을 것이다. 그렇지만 병원은 특수 영역이다. 서로 경쟁하는 것 같지만 건강보험료를 중심으로 병원 간 계열이 존재하고, 수익률은 보험수가에서 대부분 결정된다. 약품이나 의사를 쥐어짤 수 없으니 간호사들만 쥐어짠 것이 현실이다. 그런데 이 약점이 뒤집어 생각하면 해법이 된다.

간호사 노동에 대한 사회적 합의가 존재한다면, 건강보험에서 간호사 인건비에 대한 수가 기준만 조정하면 문제를 해결할 수 있다. 건강보험 수가 조정이 어려운 일은 아니다. 국회 갈 일도 없이 정부 조치로도 충분히 개선할 수 있다. 필요하면 인건비에 대한 추가 재정 지원이 불가능한 것도 아니다. 그리고 이게 의료의 공익성은 물론이고 의료 서비스의 품질 개선이라는 사회적 이익도 증가시켜준다. 안 할 이유가 없는 일이다.

아직 한국에 영리병원은 없다. 병원은 정부기관과 기업 사이에 애매하게 걸쳐 있고, 공적 영역과 영리활동 사이에 끼어 있다. 한국의 병원은 설령 병원장이 엄청난 연봉을 받는다 하더라도 의료라는 공익을 위해 움직이는 공적 기관들이나. 영국의 경우는 1946년 노동당 정권이 국민보건서비스법을 만들었고, 기본적으로 병원은 국영이다. 당연히 의사와 간호사 역시 국가공무원이다. 그 반대편에는 보험을 비롯해서 의료제도의 공공성이 약한 미국 모델이 있을 수 있다. 우리는 그 중간 정도다.

병원은 공적 성격이 강하기 때문에 정부가 관리하고자 하면 할 수 있다. 만약 정부가 직장 민주주의를 관리 목표로 선택하면 비교적 쉽게 많은 문제를 해결할 수 있는 상황이다. 좋은 의료 서비스 자체가 목적이기 때문에 영리병원과 같은 민감한 주제가 아니면 정치 성향에 크게 영향을 받지도 않는다. 질병 치료하고 간호하는 문제를 두고 좌우가 그렇게 크게 차이가 날까? 아주 작은 개인병원은 모르지만 우리가 아는 대부분의 병원 운영은 정부에서 관리할 수 있는 영역에 있다. 태움 사건으로 문제를 일으킨 아산병원도? 메르스 사태로 보건 당국을 당황하게 만든 삼성병원도? 간호사 장기자랑으로 논란이 된 대구가톨릭대학병원도? 물론 마찬가지다. 어쩔 수 없이 못한 것이 아니라 몰라서 못한 것에 가깝다. 병원이라는 신성한 권위에 눌린 것이라고도 할 수 있다.

병원 민주주의를 크게 나누면, 운영과 관련된 오너 민주주의, 의사들 영역에서의 의사 민주주의 그리고 간호사들 사이의 간호사 민주주의로 나누어볼 수 있다.

병원에서 오너 민주주의는 노조가 어느 정도 구성된 곳과 그렇지 않은 곳이 많이 다르다. 물론 당연한 얘기다. 대구가톨릭대학 병원 노조가 대표적이다. 열악한 처우를 견디다 못해 2017년 말 노조가 만들어졌다. 그리고 파업이 시작되었다. 아시아나의 경우에서 보았듯이 노조가 있다고 해서 모든 문제가 해결되는 것은 아니다. 그렇지만 노조도 없는 경우, 너무 황당한 일들이 벌어질 때 제어할 안전판 자체가 없다. 노조가 있어도 문제가 생기지만, 노조가 없는 경우 그 문제는 몇 배로 증폭된다. 오너 혹은 병원 운영주체와 병원 사이의 관계에 대한 사회적 논의가 지속적으로 필요하다.

병원에서 의사 민주주의는 어떤 상황일까? 의사 민주주의, 아마도 한국에서 가장 어색하고 이질적인 단어의 조합 중 하나일 것이다. 군대 민주주의, 경찰 민주주의 혹은 법원 민주주의 같은 말보다 더 어색할지도 모른다. 의사라는 직업이 한국에서 누리는 매우 특별한 위상 때문이기도 하고, 대학이라는 또 다른 어마무시한 위계 사회와 연결되어 있기 때문이기도 하다. 교수와 조교 혹은 박사과정 사이의 도저히 민주주의 사회라고는 상상하기 어려운 봉건적 관행이 대학병원 등 많은 병원에서 횡행한다. 돈 주고 일 시킨다는 단순 노동계약만으로 설명하기 어려운 복합 관계다. 병원도 복잡한데, 대학과 병원이 동시에 결합되어 있으니 얼마나 복잡하겠는가? 의사와 레지던트 사이의 불평등한 관계와 횡포는 병원 문제를 얘기할 때 빠지지 않는다. 위압적이고 일방적인 구조가 형성되어 있다. 우리나라 최대 병원 다섯 군데는 서울대병원, 세브란스병원, 가톨릭성모병원, 아산병원, 삼성병원이다. 대학에 가깝거나 재벌에 가깝거나, 어느 쪽이든 민주주의와는 조금 먼 방식으로 운용된 조직들이다.

의사들끼리 충분히 의사소통이 이루어지고 있을까? 그리고 정상적인 협조가 이루어지고 있을까? 사회적으로는 지금 간호사의 태움이 맨 앞에 드러나 있지만, 그렇다고 의사들 사이의 관계가 괜찮다는 것은 아니다. 의료 공공성과 함께 우리가 염두에 두어야 할 가치 하나가 의사 민주주의다. 이게 각종 의료사고 등으로 얼룩진 병원 비밀주의에 대한 또 다른 해법이기도 하다.

그렇다면 의사들의 파트너라고 할 수 있는 간호사들의 경우는 어떨까? 의사 민주주의에 비하면 간호사 민주주의는 해법이 없는 것이 아니라 무관심 속에 방치된 것에 더 가까워 보인다. 물론 간호사 팀을 운용하는 데 더 적은 비용을 할당한 데는 의사에 비해 간호사가 덜 중요하다고 본 문화적 요소도 존재하는 것 같다. 그렇지만 간호사 비용의 문제는 앞서 설명했듯 간호수가 조정으로 기술적 해법을 찾을 수 있다. 지나치게 적은 인력으로 '고난의 행군'을 치러야 하는 젊은 간호사들의 고충은 재정적으로 충분히 해소할 수 있다.

병원 민주주의, 아직 우리가 걸어가보지 않은 길이다. 그러나 기술적으로 불가능하거나 현실적으로 전혀 말이 안 되는 것을 요구하는 것은 아니다. 의사들 사이의 더 많은 민주주의 그리고 간호사들 사이의 더 많은 민주주의, 전체적으로 투명성과 의사소통이 개선된 병원, 우리도 이런 병원에서 진료받고 치료받을 권리가 있지 않은가? 일정 규모 이상의 병원에 '병원 민주주의' 인증을 받게 하면 상당히 많은 문제가 해소될 수 있다. 병원에 들어갈 때 '병원 민주주의 인증' 마크를 환자들이 보면서 병원에 들어갈 수 있으면 좋겠다. 해소되지 않은 의료사고 의혹 등 우리가 병원에 대해서 평균적이고 종합적으로 요구할 것들은 많다. 그게 의료 공공성을 현저히 높이기 전에 우리가 먼저 준비해야 할 제도적 개선책 아닐까?

"저요? 출산 계획, 꿈도 못 꿔요."

내가 만난 김소현 간호사는 20대 후반이었다. 서울대병원에서 일하며 간호사를 천직으로 생각하는 것 같았다. 열정 가득한 청춘으로, 많은 또래 청년들이 부러워할 만한 삶을 살고 있었다. 그녀는 결혼은 했지만, 아이를 갖는 것은 자기 처지에 사치라는 생각이 든다고 말했다. 내가 애 둘을 키워보니까 한 달 뒤 자기 스케줄을 모르는 여성이 아이를 낳겠다고 생각하는 것이 사치라는 말이 이해가 간다. 주 52시간 근무가 시행된다고 해도 간호사들의 삶이 불규칙한 것은 마찬가지고, '콜근무'라고 하는 긴급 SOS 근무가 여전히 존재한다.

인터뷰를 끝내고 돌아오는데 이런 생각이 들었다. 지금 활동 중인 간호사가 20만 명 약간 안 된다. 병원에 더 많은 간호사를 투입해 좀 더 규칙적이고 예측할 수 있는, 그리고 지금보다는 여유 있는 삶을 가능하게 하는 것이 저출산 대책 중 하나일지도 모르겠다. 간호사들의 삶을 개선하기 위한 비용 중 일부를 여성가족부에서 담당하는 것은 불가능할까? 격무에 시달리며 임신 계획을 세우지 못하는 많은 전문직 여성의 인력 보충에 대해서 이제는 좀 다른 시선, 다른 재정계획이 필요할지도 모른다는 생각을 하게 되었다.

간호사들이 바빠서 출산을 생각할 수도 없는 현실, 뭐가 좀 잘

못되었다. 아픈 사람들을 돌봐주는 사람들, 그들도 속으로는 아프다. 병원 민주주의가 필요하고, 간호사 민주주의는 시급하다. 비인간적인 상황을 우리는 너무 오래 방치해두었다.

학교 민주주의,
행복의 나라로!

우리나라에서 학교는 근대화의 출발점이자 마지막 유물인지도 모른다. 아직도 우리의 학교에는 현대화가 오지 않았고, 21세기에도 크게 바뀌지 않을지도 모른다. 우리의 21세기는 무엇일까? 학교에서 이 질문을 하면 모든 사람들이 어두운 표정을 짓는다. 초등학교에서 대학교까지, 자신이 속한 조직 혹은 직장의 미래를 얘기할 때 밝은 표정을 짓는 사람을 거의 보지 못했다.

20세기가 되기 직전 독일에 갔던 이토 히로부미伊藤博文는 일본의 고등교육에 대한 근본적인 구상을 시작한다. 그 구상으로부터 최초의 제국대학인 도쿄대학이 설립되고, 이후 일본 전역에 제국대학 6개가 더 생겨난다. 그리고 한국의 경성대학, 대만의 타이호쿠대학이 제국대학으로 설립된다. 그렇게 해서 제국대학을 우위에 놓는 대학 서열과 전시의 동원체제에 필요한 군대식 시스템이 자리 잡는다. 대만과 한국은 이 틀을 가지고 21세기로 넘어왔다. 한국은 경성대를, 대만은 타이호쿠대를 최고로 치는 그 격차 시스템을 그대로 가지고 왔다. 결국 한국 교육은 제국주의 시절 서열과 군대식 시스템을 고스란히 끌어안고 21세기로 넘어온 것이다. 심지어 일본의 도쿄대도 현재 우리의 서울대와 같은 정도의 위상을 가지고 있지는 않다. 식민지 시대가 만들어놓은 경성제국대학 시스템을 21세기에 운용하는 우리의 교육, 이건 아니라는 데 대부분의 사람들이 동의할 것이다. 긴박한 리모델링이 필요하다는 데도 100% 동의가 가능할 것이다. 그러나 우리는 아직 답을 못 찾고 있다.

문제는 대학 서열화만이 아니다. 조기교육 열풍이나 공교육의 비효율성도 문제로 거론된다. 미국이나 캐나다 혹은 호주로 조기유학 가던 시절만 해도 어느 정도는 이해를 했다. 그런 데는 원래 우리보다 교육 복지와 교육의 질이 나은 데 아닌가? 그런데 최근에는 필리핀이나 말레이시아 같은 곳으로도 조기유학을 떠난다. 이건 또 뭔가? 그 나라들이 한국보다 교육 서비스는 낮다는 건가? 비용 대비 효과에서 한국 교육은 이제 동남아 국가보다도 선호도가 밀리기 시작했다. 돈은 돈대로 들고 이게 뭔 짓이람? 완벽한 답은 아니더라도, 뭔가 지금보다 나은 미래는 없는 건가?

총독부 시절 학교에 만들어놓은 질서 체계로부터 우리는 과연 얼마나 멀리 와 있는가? 학교 민주주의라는 주제의 취지는 학교라는 공간 혹은 그 속에서 발생하는 사람들의 관계를 지금보다는 더 낫게 개선하는 데 있다. 학교에서 수준 높은 교육을 제공하고 더 나은 학습을 하는 것, 이런 문제들은 학교의 효율성에 관한 얘기다. 그러나 학교에서 불합리한 일을 덜 겪으면서 더 마음 편히 다닐 수 있게 하는 것, 이런 문제가 바로 학교 민주주의가 이야기하는 것이다.

크게 보면 우리는 학교에서 민주주의를 경험하지도, 민주주의에 익숙해지지도 못하는 것 같다. 오히려 "까라면 까"라는 위계, 힘의 역학 관계를 더 많이 경험하는지도 모른다. 과도하게 수직적인 관계에 의한 위계적 명령 체계 그리고 조정되기 어려운 부당함, 그 속에서 전형적인 조직의 실패가 벌어지고 있는지도 모른다.

한 가지 희망적인 사실은 있다. 역설적일지 몰라도, 한국의 여러 조직 중에서 직장 민주주의에 대한 얘기가 가장 광범위하게 그리고 가장 먼저 시작된 곳이 학교이다. 대법원, 법원, 검찰, 이런 데는 민주주의를 얘기해본 적도 없다. 군대가 민주주의 얘기를 할까? 아직 기본적인 인권 얘기하는 상황이다. 대기업들을 비롯한 주요 경제기구들도 마찬가지다. 그에 비하면 '학교 민주주의'에 대한 질문은 전교조(전국교직원노동조합)의 전신인 전교협(전국교사협의회)이 만들어진 1987년 이후로 중요한 주제 중 하나였다. 뭐가 학교 민주주의인지 정확히 정의하지는 못해도, 촌지를 받지 않는 사소한 일에서부터 학교 내의 부당한 상황을 줄여나가는 것이 중요하다는 인식은 초기부터 있었다. 다른 건 몰라도 전교조가 학교 내에서 견제하는 '내부자'

역할을 했음은 확실하다. 전교조가 목표로 내걸었던 '참교육'의 성과 논의와는 별도로, 직장 민주주의라는 관점에서 전교조 소속 교사들이 일정한 역할을 한 것은 생각해볼 여지가 있다.

1989년 문교부는 일선 학교에 '전교조 교사 식별법'이라는 공문을 보내면서 주의를 환기시킨 적이 있다. 그 내용을 잠시 보자.

1. 촌지를 받지 않는 교사

2. 학급문집이나 학급신문을 내는 교사

3. (특히 형편이 어려운) 학생들과 상담을 많이 하는 교사

4. 신문반, 민속반 등 학생들과 대화가 잘되는 특활반을 이끄는 교사

5. 지나치게 열심히 가르치려는 교사

6. 반 학생들에게 자율성, 창의성을 높이려 하는 교사

7. 탈춤, 민요, 노래, 연극을 가르치는 교사

8. 생활한복을 입고 풍물패를 조직하는 교사

9. 직원회의에서 원리원칙을 따지며 발언하는 교사

10. 아이들한테 인기 많은 교사

11. 자기 자리 청소 잘하는 교사

12. 학부모 상담을 자주 하는 교사

13. 사고 친 학생의 정학이나 퇴학 등 징계를 반대하는 교사

14. 한겨레신문이나 경향신문을 보는 교사

_〈신동아〉, 1989년 7월, 박순걸, 《학교 내부자들: 민주적인 학교를 위하여》

(에듀니티, 2018) 재인용.

'어처구니없다'는 표현은 딱 여기에 어울린다. 촌지 받지 않으면 빨갱이고, 직원회의에서 원리원칙을 따지면 불온세력이라고 하던 시기가 있었다. 심지어는 지나치게 열심히 학생을 가르치려는 것도 문제라고 했다. 그나마 이 시기는 87년 민주화 투쟁 이후에 사회적으로 좀 유화적인 분위기가 생겨난 다음이다. 이러니 21세기 이전에 우리의 학교 모습이 어땠는지, 그나마 촌지라도 없애는 데 전교조의 공이 얼마나 컸는지 미루어 짐작할 만하다.

자, 거칠지만 이 책에서 우리가 세웠던 기준대로 학교 민주주의를 한번 살펴보자. 첫째로, 앞서 말했던 오너 민주주의라는 기준으로 보면, 대기업 재벌 일가의 폐해와 학원 오너의 문제가 그렇게 다르지 않아 보인다. 오너 민주주의가 부재한 탓에 생기는 가장 큰 부작용이 그야말로 학원 오너 맘대로 움직이는 재단 등 거버넌스로 인한 폐해다. 운영 원칙도 없고, 자금 흐름도 불투명한 경우가 많다. 특히 인사가 불투명한 경우가 많다. 교육부와 노동부가 직장 민주주의의 연장선에서 '학교 민주주의 인증'을 도입하는 것이 중요한 전환점이 될 수 있다.

말은 민간이지만 우리나라에서 정부 지원 없이 운영되는 사립학교는 없다. 인증제와 학교 지원을 연동시키면 생각보다 신속하게 오너 민주주의의 미비에 따른 폐해를 줄여나갈 수 있다. 대학의 경우는 별로 신빙성도 없는 신문에서 평가하는 대학 등급이나 외국 논문 게재 수보다는 학교 민주주의 제도 정비와 투명성 등을 중요하게 여기는 것이 교육의 질을 위해서 훨씬 나을 것이다. 조직의 실패에서 벌어지는 효율성 저하가 우리나라 교육 실패의 가장 큰 문제 아닐까?

둘째로, 오너 민주주의와 팀장 민주주의의 중간에 걸쳐 있는 문제가 교장으로 대표되는 우리나라 학교의 관료제 문제다. 교장은 학교 자치를 대표하지만, 그렇다고 일반 회사의 사장처럼 많은 것을 결정하는 자리는 아니다. 그런데 교장이 결정적으로 교사들 특히 교감 평가에 관여한다. 교감이 교장에게 잘 보여야 교장으로 승진할 수 있기 때문에 교장이 거의 절대적 권한을 갖는다. 이런 평가 권한에 따라서 학교는 수직적으로 통치된다. 교감이나 간부 교사들은 일반 회사에서처럼 전문 기능을 갖추고 다른 회사로 옮겨갈 수 있는 것도 아니다. 그 학교의 위계 질서를 떠나면 교감이든 교무주임이든, 아무것도 아니다. 교장의 권한이 거의 절대적이다.

다음의 표를 보면, 외국은 교장 자격을 갖추기 위해 긴 교사 경력과 간부로서의 오랜 경험을 요구하는 경우가 없다. 독일에서 교장은 평교사와 동등한 신분과 지위를 갖는다. 학교 사무 운영의 책임자로 일종의 사무국장 역할을 맡을 뿐, 일반 교사에 대한 포괄적 감독권은 없다. 우리 학교 모델의 원형이 된 일본도 2001년부터 '민간인 교장제'를 시행해 교장을 별도로 임용하는 시스템을 도입했다. 우리처럼 교사가 승진해서 교장이 되는 나라는 없고, 그렇게 승진한

국가별 교장의 자격과 역할 비교

국가	자격요건	임용주체	교장 역할
미국	교사자격증, 석사학위, 최소 3년 이상 교사 경력	지역교육위원회	주마다 다름.
영국	국립교장연수원 프로그램 이수자	학교운영회	학교 관리와 통제의 책임을 지고 있으나 학교운영회, 교직원, 학부모들과의 의사소통 능력 중시, 교직단체와의 연계 유지 임무.
독일	교사자격증, 다년간 교사 경력	교사협의회 추천, 학교협의회 승인	교장은 '교사'로서 평교사와 동등한 신분과 지위. 학급 수업 담당(중등 4~6시간, 초등 10시간 전후).
프랑스	초등 : 3년 이상 교사 경력 중등 : 5년 이상 교사 경력	지역 인사동수위원회	학교 전체의 사무 운영 책임자. 일반 교원에 대한 직무상의 감독권 없음. 작은 학교 수업 담당, 상담교사 등 일하는 교장.
일본	교사자격증, 5년 이상 교사 경력	도도부현都府縣의 교육위원회	한국과 비슷.

(출처: 이현 참교육연구소장, 〈민주주의와 교육〉)

교장이 학교의 모든 것을 틀어쥐는 막강한 권한을 가진 경우도 없다. 교장 연봉도 교사에 비해 월등히 높지는 않다. 결국은 누가 교장이 될 것인가, 교장의 임기는 어떻게 정할 것인가, 그리고 어느 정도의 권한을 줄 것인가 하는 질문이 남는다.

학교 자치가 잘 실행되고 있으면 교장을 학교에서 알아서 뽑으면 된다. 독일의 학교협의회든, 미국의 지역교육위원회든, 프랑스의 지역위원회든, 학교 자치를 총괄하는 거버넌스를 통해서 교장을 추천하면 된다. 일반적으로 교장은 더 높은 교사 혹은 가장 높은 교사 — 혹은 성공한 교사 — 가 아니라 일반 교사와는 다른 일을 하는 사람으로 이해된다. 승진 개념이라기보다는 다른 기능, 다른 보직으로 이해된다.

현재 우리나라에서는 교장공모제와 교장선출보직제라는 두 가지 제도가 제안되어 있다. 평교사도 일정 여건을 갖추면 교장이 되게 할 것인가(교장선출보직제), 아니면 다른 교장 중에서 초빙할 것인가(교장공모제) 하는 문제가 논쟁의 핵심이다. 제도는 서로 장단점이 있다. 이 두 가지 제도만 놓고 비교하면 2년 임기의 교장선출보직제가 부작용이 적을 것 같다. 초빙이라는 형식으로 외부 전문가를 꽂아 넣는 방식이 얼마나 학교 행정에서 유효할지 의문이 들긴 한다. 그러나 여기서 나아가 어떻게 하면 지금의 '교장 왕국' 현상을 개선할 것인가, 그리고 학교의 수직적 위계와 폐쇄성을 줄여서 보다 현실적인 학교 자치를 구현할 것인가가 제도의 핵심이 되어야 한다. 결국은 교장 선임제도 변경에 그치지 말고, 위아래로 수직화된 학교를 좀 더 많은 토론과 대화가 가능한 수평적 조직으로 전환시키는 것, 이게 학교 민주주의의 핵심이 되어야 한다.

교장에게 너무 많은 권한이 있다면 그 반대편에는 교사들에게는 권한이 너무 없다는 또 다른 문제점을 지적할 수 있다. 교과서 선정 권한은 아예 없고, 색다른 실험을 해볼 여지도 일부 혁신학교 외에는 거의 없다. 현실적으로 몇 학년을 담당하게 될지 학기 초에 공지되는 기간도 짧다. 행정 인원이 따로 없어 교사들의 '잡무'도 너무 많다. 우리가 학교 민주주의를 추구하는 이유 중 하나가 실제 현장에서 교육의 질을 높이려는 것 아닌가? 궁극적으로 교사들이 더 많은 권한을 가질 수 있도록 전환이 필요하다.

교장 왕국 현상을 해결하고 나면 장기적으로 고민해볼 문제가 하나 더 있다. 공무원들이 순환 보직을 하듯이 국공립 교사들도 여러 학교를 순환한다. 이런 나라는 일본과 우리나라밖에 없다. 그러다보니 교사들도 '자기 학교'라는 생각이 약해서 공립학교들이 문화 혹은 전통으로 가질 수 있는 개성이 사라졌다. 학교 자치의 기반도 현저히 약해진다. 결국 학부형들이 학교를 인식할 때 남는 것이 특목고·자사고 진학과 명문대 입학 성적표밖에 없다. 언젠가는 해결해야 할 문제다.

현재의 학교, 방향을 잡아야 하는 문제들이 교장과 평교사 문제 외에도 여럿 남아 있다. 여러 해 동안 학교에서 정규직 교사를 채용하기보다 기간제 교사 등 비정규직 교사를 늘렸다. 정규직과 비정규직 문제, 궁극적으로는 국민경제의 현안이자 새로운 구조적 문제의 출발점이 아닐 수 없다. 학교 자치를 뛰어넘는 문제지만, 경제의 눈으로 본 학교의 현안이기도 하다. 길게 보고 풀어야 할 문제다.

학교 안에서 국영수 중심으로 구성된 학과가 지나치게 강화된 탓에 다른 부분은 뒤처지는 부작용들도 존재한다. 예를 들어 학교에 도서관을 점점 확충해나가는 변화가 있었다. 당연히 도서관 활용도를 높이려면 사서 교사들이 필요해진다. 그런데 국가에서도 사서 교사에 관한 관심이 별로 없고, 학교에서도 딱히 사서 교사의 필요성을 제시하는 학과가 없다보니 보수정권 10년 동안 신규 임용된 사서 교사가 전국적으로 한 명도 없었다. 누가 봐도 이건 좀 이상하지만, 실제로 그랬다.

비슷한 예가 하나 더 있다. 인공지능 도입과 함께 미국을 중심으로 STEMscience, technology, engineering, mathematics 교육 열풍이 일었다. 우리는 학교에서 필요한 시설과 인력들을 확충하지 못해 이 트렌드를 잘 따라가지 못했다. 그래도 뭔가 흉내는 내야 하니까 컴퓨터 외에는 별다른 시설이 필요하지 않은 코딩 교육 열풍이 왔다. 절름발이 STEM 열풍이다. 새로운 흐름에 뒤처지는 것이다. 학교 민주주의와 함께 학생들의 미래를 위해서 필요한 공공 투자를 어떻게 신속하게 진행시킬 것인가, 이런 질문들이 남아 있다.

권위주의적 학교 행정을 고집해서는 도서관을 통한 교육이나 STEM 교육 같은 변화에 대응하기가 어렵다. 지금까지의 사례를 보면 북유럽 국가들처럼 학교 민주주의가 잘 안착된 나라들이 토론을 중시하는 전통적인 교육도 잘하지만, 새로운 주제와 변화에도 잘 대응한다. 극도로 수직적인 시스템은 21세기에는 맞지 않는다. 학교 민주주의, 꼭 옳기 때문이 아니라 더 효율적이기 때문에라도 생각해봐야 하는 것 아닌가?

교장만 행복한 학교, 이건 좀 아니고, 교사들만 편안한 학교, 이것도 아니다. 우리의 학생들이 최고 수준의 교육을 받고, 그들이 미래 시민이 되기 위한 준비를 좀 더 행복하게 하기 위한 조직, 우리에게는 그런 학교 조직이 필요하다. 그 길이 학교 민주주의 아니겠는가? 아침에 학교 가는 길이 즐거운가, 이런 질문이 필요하다. 학교가 행복해지면 우리나라가 행복의 나라가 된다. 행복의 나라를 두려워하지 말자.

삼성 민주주의,
노맨들이 온다

이미 사업에 한 번 실패하고 빈털터리가 된 29세 청년이 대구에서 삼성상회라는 작은 가게를 열었던 것이 1928년이다. 2년 후 그는 별표국수로 크게 성공을 거뒀다. 그 별표국수가 벌어들인 돈이 지금의 삼성을 만들게 되리라고 생각한 사람은 없었을 것이다. 좋든 싫든, 이병철과 함께 시작된 이 독특한 기업 집단은 한국 자본주의의 역사와 궤를 같이한다. 한국 자본주의의 어둠과 밝음, 그 모든 것이 삼성과 함께한다. '경제 민주화'라는 표현의 핵심 역시 '삼성 민주화'라고 해도 과언이 아닐 정도다. 참여정부 시절, 대통령의 입에서 나온 "권력은 이미 시장으로 넘어갔다"는 말이 많은 것을 대변하는지도 모른다. 다시 보수정권 10년, 삼성에 손을 내밀었던 최순실과 박근혜는 모두 감옥에 갔고, 우리 정치는 한 시기를 마감하게 되었다. 그러나 탄핵당한 대통령의 재판이 마무리를 짓기도 전에 삼성의 3세 승계자인 이재용은 감옥에서 걸어 나왔다.

한국 자본주의에서 삼성은 정권을 뛰어넘는 문제일 수도 있다. 아니, 그 정도가 아니라 북한도 가장 열렬히 희망하는 한국 자본주의의 핵심 요소일 수도 있다. 삼성과 관련되면 언론이 이상해지고, 행정이 이상해지고, 정치가 이상해지고, 법원이 이상해진다. 삼성 직원들에게 "마누라 빼고 다 바꾸라"고 했더니 전국적으로 골프 붐이 불었다. 건강 좀 생각하면서 술 마시라고 했더니 느닷없이 포도주 열풍이 불고, 온 사방에 와인바가 생겨났다. 삼성 엑스파일 사건은 지금 다시 생각해도 이상하다. '독수독과毒樹毒果', 독이 있는 나무에는 독이 든 과일이 열린다는 검사들 용어를 내세워, 위법으로 수집했다는 이유로 자료를 증거에서 배제했다. 그리고 그 자료를 공개한 국회의원 노회찬만 독배를 마시게 되었다. 현역 국회의원이 이런 사소하다면 사소한 일로 그만두는 경우를 달리 본 적이 있는가? 블랙홀 주변에서 빛이 빨려 들어가면서 시간과 공간에 왜곡이 생기는 것 같은 현상을 삼성 주변에서는 종종 보게 된다. 영화 〈인터스텔라〉가 우주의 그 기묘한 왜곡을 다루었는데, '삼성스텔라'라는 영화가 나와도 이상할 게 하나도 없을 것 같다.

삼성, 한국 자본주의 자체에 대한 질문과 같을 정도로 큰 질문이다. 삼성전자만 직원이 10만 명이 넘는다. 현대차와 기아차를 합쳐서 10만 명이 약간 안 된다. 금융감독원에 사업보고서를 제출한 삼성 계열사를 기준으로 하면 직원이 19만 명 정도 되고, 임원은 1,600명 약간 안 된다. CJ나 신세계 같은 친인척 회사까지 합치면 직원이 27만 명에 이른다. 이 사람들이 직장에서 갖는 인권과 삶의 안정성도 작은 문제가 아니다.

지금까지 삼성의 특징이라고 대표적으로 거론된 것이 창립자의 유훈에 의한 '무노조 경영'이다. 노조가 모든 문제를 해결해주지는 않지만 문제가 생겼을 때 최소한의 버팀목이 되어주기는 한다. 그런 보호막 없이 직원 개개인이 스스로를 지키기란 힘들고 외로운 일이다. "그건 아니다"라고 말하는 데는 개인의 용기뿐 아니라 제도적인 장치들이 필요하다. 삼성에는 그런 게 아예 없다. 참고 버틴다. 그리고 그걸 기업 이익의 일부를 나누는 인센티브를 통한 높은 연봉으로 보상받아왔다. 김대중 정부 말기에 경제부총리를 지낸 진념 등 많은 정치인들이 주장했던 이익공유제를 가장 적극적으로 내부 시스템에 반영한 것이 삼성이기도 하다. 불안하지만 어쨌든 조직의 내부 균형을 만들어냈다.

그리고 노조 없이 노동자들을 제어하려다보니 '관리'라는 개념이 대두되었다. '관리의 삼성'이라는 말에는 삼성 직원들이 요샛말로 '영혼 없는 리액션'을 하는 무기력한 노동자 혹은 수동적인 직원이라는 의미가 강했다. 그런데 정작 삼성 사람들은 이런 얘기를 자신들이 엘리트고 뭘 잘한다는 의미로 받아들였다. 그래서 뭔가 더 관리를 하고 싶어했는데, 그야말로 너무 관리들을 하신 건지도 모른다. 사회적으로는 그 말을 삼성이 검찰도 관리하고 언론도 관리한다는 의미로 받아들였다. 부작용은? 관리하고 관리당하는 삼성 직원들에게 '예스맨'이라는 별명이 붙었다.

2015년 메르스 유행은 한국을 일시 정지시킬 정도로 엄청난 사건이었다. 5월 20일 첫 환자가 발견되고 12월 23일 공식 종료되었다. 총 186명의 환자가 발생했고 38명이 사망했다. 역학당국에 대한 불신을 넘어, 정권이 위태로워졌을 정도로 사건은 충격적이었다. 평택성모병원에서 삼성서울병원에 걸친 두 차례 유행에서 병원과 보건당국이 충분히 대처하지 못해 피해가 늘어났다(2015 메르스 백서).

"예스맨들이라서 그렇겠지요."

정부의 공식적인 입장은 아니지만, 메르스 사건을 두고 같은 분야의 사람들이 내게 해준 말이다. 메르스 자체도 큰일이지만, 서로 긴밀히 소통하면서 머리를 맞대면 일이 그 정도로까지 커지지 않았을지도 모른다는 얘기다.

독일과 프랑스의 조직을 비교하면서 법률 체계의 차이에 대해서 지적하는 경우가 많다. 프랑스 기업은 매뉴얼이 강하고, 독일 기업은 매뉴얼이 그처럼 상세하지는 않다는 것이다. 매뉴얼이 강한 조직의 경우 일반적이고 일상적인 일은 성확하게 돌아간다. 그러나 매뉴얼에 해당하지 않는 일이 벌어졌을 때는 어떻게 할 것인가?

'일사불란', 삼성 조직을 이렇게 표현하는 사람들이 종종 있다. 구글 직원 수는 7만 4,000명 정도로, 직원 수로는 삼성전자가 더 크다. 아마 공간만 있다면 삼성전자 직원 10만 명을 모두 사열대에 세울 수 있을 것이다. 거대한 군대, 10만 대군, 위용이 엄청날 것 같다. 슈트를 차려입고 넥타이를 맨 아저씨들과 칼 같은 정장의 커리어우먼들, 그야말로 한국을 대표하는 슈트 핏의 경연이 될 것이다. 그런데 만약 구글 전 직원을 연병장에 도열하게 한다면? 실제로 그렇게 한자리에 모이라고 해도 잘 나오지 않을 테지만, 우리식 표현으로는 '복장불량'에 엉기적거리는 통에 일사불란하게 사열을 시키는 것 자체가 불가능할 것이다. 그리고 불쾌하게 군대식 사열을 시킨다며 "구글 정신은 죽었다"고 몇 명은 사무실에서 연병장까지 나오는 사이에 벌써 사직서를 냈을 것이다. 일사불란? 세계 시가총액 상위권에 이름을 올린 IT 기업 중 일사불란하게 움직일 듯싶은 조직이 있는가? 오너가 괴짜이고 이해하기 어려운 사람인 경우는 있다. 그렇지만 군대처럼 일사불란하게 움직이는 세계적인 IT 기업을 상상하기는 어렵다. 일사불란하게 큰 조직을 끌고 가기도 어렵고, 그 조직을 관리하는 것이 가능하지도 않다. 그리고 21세기 경제에 꼭 좋은 것도 아니다. 저개발 시대의 유물일 뿐이다.

그러나 일사불란하게 움직이는 '관리의 삼성'이 만들어낸 균형이 깨지는 순간이 있다. 아주 많은 숫자는 아니지만 내가 인터뷰하거나 의견을 들은 삼성 사람들의 자부심 혹은 조직에 대한 충성도는 대체로 차장 직급을 경계로 극명하게 갈렸다. 모두가 진실만을 말했다는 보장은 없지만, 어쨌든 차장 이하의 삼성 사람들은 회사에 대한 자부심이 강했다. 그런데 그 위로 올라가면 불안감과 불만 같은 게 있어 보였다. 차장쯤이면 이제 삼성에 남아서 더 높은 데로 올라갈 사람과 그렇지 않은 사람들이 갈리는 지점에 도달하게 된다. 아슬아슬한 균형이 깨지기 시작한다. 국회 전문가들은 삼성에 내부 고발을 하겠다는 사람이 생각보다 많다는 얘기를 해주었다. 주로 상위 직급들이고, 임원 등 승진에서 어떤 이유로든 밀린 사람들이다. 조직으로부터 보호받지 못하는 불안한 개인, 이것이 '관리의 삼성'이 만들어낸 균형이 깨지는 순간이다.

삼성과 민주주의, 참 어렵고 곤혹스러운 질문이다. 그러나 다음 단계로의 진화를 위해서, 삼성도 내부적으로는 직장 민주주의 개념을 탑재해야 하는 순간이 왔다. 기업이 정의로운 조직이 되어야 한다고 생각하지는 않고, 꼭 그럴 필요가 있다고 생각하지도 않는다. 그렇지만 사람들을 명분만으로 움직이기란 어렵고, 관리라는 통제 수단으로 제어할 수도 없다. 그리고 연봉만 많으면 다른 모든 것은 다 참아주던 시절도 끝나간다. 최근 입사한 20~30대 직원들은 '사생활 보호'가 '가족 같은 회사'보다 더 중요하다고 생각하는, 이전과는 전혀 다른 취향과 문화를 가진 사람들이다. 퇴근 후 수시로 업무지시를 내리고 때로는 휴일 출근을 강요하던 기존의 시스템에서는 팀장과 상사의 권한이 너무 강했다 공식적인 업무 범위를 뛰어넘어서 하급자를 괴롭히려면 얼마든지 괴롭힐 수 있었다.

직장 민주주의는 삼성이 선택할 수 있는 최소한의 민주주의 전략이다. 삼성에도 이제는 더 많은 소통과 토론 그리고 인간적인 대

205

화가 필요하다. 이건 아니다 싶을 때 "이건 진짜 아니죠"라고 말할 수 있는 '노맨'이 필요하다. 우리 조직에 노맨은 필요 없다, 절이 싫으면 중이 떠나라, 이런 태도가 실패하는 조직의 대표적으로 망하는 경로 아닌가? 새로운 세대의 직원들이 과연 선대에서 하던 대로 입 다물고 버티기만 하는 조직을 원할까?

　말하기 좋아하는 사람들은 현대와 삼성 혹은 LG의 차이점에 대해서 소소하게 분석을 하기도 한다. 그러나 크고 별로 민주적이지 않은 조직이 빠지게 되는 소통의 실패로 인한 경직성 면에서, 한국의 큰 기업들은 거기서 거기다. 공기업에서 출발한 포스코나 여전히 공기업인 한전도 크게 다르지 않다. 상명하복, 적당히 눈치 보기, 찍힐 것 같은 위험한 일 피해가기 그리고 하청업체에 대한 갑질이 거의 판박이처럼 진행된다. 삼성이 노조에 극단적으로 적대적이었던 점을 제외하면 조직이라는 관점에서 다른 기업들도 크게 다르지 않다.

　삼성전자에 제시할 수 있는 직장 민주주의 인증 방식을 개발해 현대자동차나 LG전자에 제시해도 크게 무리가 없을 것이다. 오너에 대한 최소한의 제어 틀, 팀장을 비롯한 간부들에 대한 교육과 관리 틀, 강화된 젠더 민주주의, 노동자 인권과 안전에 대한 좀 더 체계적이고 세밀한 배려의 방식을 개발해 삼성을 비롯한 여러 대기업에 적용할 수 있다. 물론 이런 인증으로 모든 문제가 풀리지는 않지만, 새로운 조직으로 전환하기 위한 출발점을 제공할 수는 있다. 친환경기업 인증을 받는다고 해서 기업의 유해물질 배출이나 재활용 수준이 갑자기 높아지지는 않는다. 품질인증을 받는다고 해서 불량품이 완전히 사라지거나 사고가 전혀 발생하지 않는 것은 아니다. 그러나 경영 목표가 생기면 조금씩 개선되어나간다. 기업 인증제의 특징이다.

'삼성 민주주의', 정부가 인증 방식을 좀 더 진지하게 고민하면 불가능한 일은 아니다. 그것도 아주 적은 희생으로, 그리고 조직의 실패로 인한 비용을 줄여주는 방식으로 가능하다. 상상해보자. 동일한 기업 평가와 인증의 방식으로 삼성, 현대, LG, 포스코 같은 곳들이 '직장 민주주의' 간판을 달게 되는 날을. 그래서 내가 지불한 돈의 대가를 누군가 좀 더 편안한 직장에서, 조금은 더 나은 여건에서 받게 되리라고 생각하는 게, 그냥 혼자서 고립적 불매운동을 하는 것보다는 낫지 않겠는가? 원래 다른 나라 회사들은 내부에서, 노동자들의 참여에 의해서, 그리고 제도화된 노조활동을 통해서 직장 민주주의를 조금씩 만들어나갔다. 이것도 우리는 정부가 주도적으로 해야 해? 정석은 아니다. 그러나 이게 편하고, 시간도 줄일 수 있다. 노동자들의 고통을 줄이는 방식의 해법, 굳이 피할 이유가 없지 않은가?

지금 우리나라 대기업들의 공통적인 문제 하나를 지적하면서 삼성 민주주의 얘기를 마치려고 한다. 앞서 말했듯 IMF 이전에는 상근감사가 있었다. 이걸 강화하기 위해서 사외이사 제도를 도입했고, 감사위원회를 만들었다. 더 독립적이고 더 강력한 감사를 위해 만든 제도인데, 여기에 좀 문제가 생겼다. 감사위원회 인원은 3분의 2 이상 사외이사로 구성하는 제도와 결합되면서 감사위원회의 위원장을 사외이사가 맡는 게 유행이 되었다. 사외이사의 능력과 자질은 논외로 하더라도, 한 달에 한두 번 회사에 오는 사람이 직원 10만 명이 넘는 회사의 감사위원회를 총괄하게 된 것이다. 주로 법원이나 국세청 등 관련 공직에 있다가 은퇴한 인사 혹은 회사에 우호적인 교수가 사외이사를 맡게 되는데, 이런 사람들이 가끔 와서 회계 시스템을 지휘한다는 게 사실 말이 안 되는 일이다. 하루 종일 회사 안을 들여다보는 상근감사가 좀 더 책임을 가질 수 있게 시스템을 다시 변경해야 한다. 만약 회사 쪽에서 사회적 공신력을 좀 더 높일 생각이 진짜로 있다면, 감사제도를 강화하고, 시민단체를 포함한 외부인으로 감사 선임위원회를 구성해 상임감사 선임을 위임하는 게 더 나은 방식일 것이다.

삼성의 감사는 잔인하기로 유명하다. 백지를 주고 "당신이 뭘 잘못했는지 쓰시오", 이런 좀 비인간적 방식으로 진행되기도 하다. 감사실에서 나왔다고 젊은 사람들이 반말과 폭언을 써서 물의를 빚기도 한다. 경영진의 잘못된 선택이나 부주의한 결정을 견제하는 게 현대 감사제도의 핵심인데, 경영진에 맞서기보다는 경영진 눈 밖에 난 직원들을 혼내주는 역할로 전도되었다. 지금의 삼성전자든 현대자동차든, 경영상의 오류와 불법적 요소를 견제하기에는 감사제도에 결함이 있는 상태다. 직장 민주주의라는 관점으로 본다면, 내부 견제 요소가 지금보다 더 강해져야 한다. 그리고 그 핵심 축이 상근감사가 되어야 한다.

삼성으로 대표되는 대기업은 한국 경제의 '다크'한 요소들이다. 좀 더 많은 투명성과 자유 그리고 많은 민주주의가 우리 사회를 밝게 해주는 것은 물론 더 풍요롭게 해줄 수도 있다. 다크한 회사, 이 상황이 영원히 지속될 수는 없다. 삼성이라고 직장 민주주의 예외지역이 될 수 없다.

서울우유 민주주의, 협동조합의 세계

우리나라에서 제일 나은 직장은 어디일까? 내가 대학에 다니던 시절에는 한국은행이었다. 넉넉하지 않은 친구들이 많았다. 부모를 모셔야 하는 것은 물론이고 동생들까지 가르쳐야 하는 친구들도 있었다. 그들이 제일 선호했던 직장이 한국은행이었다. 그다음으로 월급은 적지만 권력에 가까이 갈 가능성이 있는 재경직 행정고시를 보았다. 공단, 공사… 그렇게 몇 단계를 거친 다음에야 현대나 삼성 같은 기업들을 골랐다. 과 사무실에 이런 민간회사들의 입사지원서가 회사별로 놓여 있었다. 그리고 처음부터 이런 회사가 아니라 언론사 준비를 하는 친구들도 있었다. 선호도는 당시 막 생겼던 한겨레가 제일 높았다. 그다음으로는 노조가 튼튼해서 크게 흔들리지 않는다는 한국일보가 높았다. 그다음에는 연봉순이다. 지금도 학부 경제학도들

210

에게는 한국은행을 축으로 하는 공공기관과 공기업이 민간기업보다
는 선호 순위가 높다고 한다. 정년까지 일하는 데 대한 사회적 선호
가 더 높아졌다. 그리고 노무현 정부를 거치면서 공무원 연봉도 상
당히 상향조정되어서, 옛날처럼 월급을 희생하고 안정성과 가능성을
찾는 것은 아닌 모양이다. 예전에도 그랬고 지금도 그렇고, 경제학도
들에게 최고의 직장을 물으면 여전히 한국은행일 것이다. 적어도 나
의 상식 체계로 판단하기엔 그랬다.

　이런 얘기를 듣고, 행정학 전공한 사람들이 "너희가 세상을 잘
몰라서 그래", 면박을 주었다. 그들이 한국 최고의 직장으로 꼽은 것
은 서울우유였다. 자신들이 대학 다니던 시절에는 잘 몰라서 그랬지,
알았다면 쓸데없이 대학원 가고 학위 받지 않고 그냥 서울우유 다니
면서 한평생 살았을 것이란다. 아는 사람들만 안다는 한국 최고의
직장, 이건 뭐지?

　종로3가에 가면 전부 5층으로 된 '우유 카페'가 있다. '밀크홀
1937'이라는 간판을 달고 있는데, 말 그대로 서울우유의 전부를 보
여주는 공간이다. 1937년부터 지금까지 유지되는 회사, 공기업 중에
도 이만큼 오래된 회사는 없다. 한전도 단일 역사로는 그렇게 오래
되지 않았다. 역사로만 따지면 서울우유한테 명함 내밀 만한 회사가
없을 정도다.

　공기업과 민간기업을 통틀어 따져도 가장 오래된 회사 중 하나
인 서울우유는 협동조합의 역사에서 원조 격에 해당한다. 우리는 너

무 대기업, 그것도 주식회사 형태의 기업만 봐서 협동조합 같은 사회적 경제의 세계는 있는지도 잘 모른다. 협동조합이라는 기업 형태는 자본주의의 역사만큼이나 오랜 역사를 가지고 있다. 그리고 2008년 글로벌 금융위기 이후 영국을 비롯한 많은 선진국에서 국민경제의 주요한 축으로 점점 강조되는 중이다.

한국을 대표하는 협동조합은, 사람들이 좋아하든 싫어하든, 역시 농협이다. 박정희가 지금의 모양으로 만들었고, 애지중지했던 조직이다. 이명박도 엄청나게 좋아했고, 그의 측근들이 장악했다. 박정희와 이명박은 농협을 금융회사처럼 만들었다. 그래서 협동조합이지만 직원들은 금융권 월급을 받게 되었다. 자신들이 협동조합원이라는 사실을 모르는 직원도 있고, 협동조합이라는 건 명분일 뿐이라고 말하는 직원도 있다. 농협이 다른 협동조합처럼 내부적으로 민주주의가 작동하는 것 같지는 않다. 아주 정치적이고, 정권에 따라 성향도 많이 바뀐다. 세계에서 가장 상명하복에 의해 움직이는 협동조합을 고르라면 아마도 많은 사람들이 한국 농협을 고를 것이다. 일본 농협도 이 정도로 보수적이고 위계적이지는 않다.

1962년에 지금의 형태를 갖춘 농협이 정치적 흐름을 부단하게 타는 동안, 1937년에 설립된 서울우유는 사람들의 무관심 속에서 진짜로 한국을 대표하는 협동조합으로 자리를 잡았다. 정리해고나 부당해고를 당하는 일이 없고, 정년이 보장된다. 비정규직도 없다. 서울우유의 사례가 중요한 것은 이런 외형적 제도만이 아니라 연봉도 공무원 수준 이상을 받기 때문이다. 원래 외국의 많은 경우 협동조합 같은 사회적 경제 조직은 연봉이 대기업과 공무원 사이 그 어디에선가 결정된다. 우리는 공무원 연봉이 매우 높아져서 공무원 수준의 연봉을 받는 시민단체는 없다. 그러나 서울우유가 그 정도 수준이 된다. 최강 대기업 수준의 연봉은 못 받지만 중소기업 수준은 훨씬 넘는 급여를 받는다. 회사 문화의 측면에서도 괴롭힘이나 따돌림 같은 것이 없고, 위계가 지나치게 강하지 않은 직장, 그런 게 서울우유다.

서울우유에는 오너가 없다. 원래 오너가 없이 움직이는 협동조합은, 주식 가치를 기준으로 주주의 의결권을 나누는 주식회사보다 의사결정이 아주 더디고 번거롭다. 그렇지만 사례가 누적되고 제도가 정착되면 모두가 서로 의견을 나누고 좀 더 민주적으로 운영될 수 있다. 자리 잡기는 어렵다. 그러나 어느 정도 자신의 역할을 확보하고 나면 '오래된 미래'가 주는 편안함 속으로 들어갈 수 있다.

내가 서류상으로만 알고 있던 서울우유와 실상이 차이가 없는지 팀장급 직원 한 사람을 만났다. 그가 느끼는 장점은 비교적 여유 있는 출퇴근이었다. 무슨 거창한 제도가 있는 건 아니지만, 동료들이 필요하면 좀 일찍 퇴근하거나 좀 늦게 출근하는 것을 문제 삼지 않는 문화, 많은 협동조합이 그 정도는 서로 배려한다. 근태 관리에 의해서 꼭 짜여 돌아가는 경쟁 시스템이 아니면 사실 지금 우리가 근무하는 것처럼 타이트하게 하지 않아도 괜찮다. 자신의 퇴근을 주변에 알리지 않고 살짝 퇴근하는 '이순신 퇴근' 얘기를 했더니 그가 웃었다.

"이제 주 52시간 근무가 도입되면서, 다른 데랑 큰 차이가 없어지겠죠."

물론 서울우유에 위기가 없었던 것은 아니다. 2008년 중국산 멜라닌 우유 사태 등 사람들이 한꺼번에 우유를 꺼리게 되는 큰 사건들이 생기곤 한다. 식품산업의 수요탄력성이 워낙 높다보니 수요가 한 번 줄면 엄청나게 줄어든다.

"조합원들이 피해를 감수해주면서 그 위기를 벗어났어요."

우유를 생산하는 축산 농민들, 그들이 서울우유의 조합원들이다. 오너가 따로 있는 것은 아니지만, 축산 농민들의 의사결정에 의해서 협동조합이 움직인다. '자립과 공존'은 협동조합의 중요 정신이다. 길게 공존하기 위한 방법을 찾다보니 큰 위기에서도 전체가 조금씩 규모를 줄이면서 버텨나갔다. 주식회사라면 대주주든 소액주주든, 주주들이 주도적으로 회사를 위해서 뭔가 크게 양보하는 일을 보기는 어렵다. 협동조합 형태의 사회적 경제가 갖는 또 다른 강점의 하나다.

하지만 서울우유에도 아무 문제가 없는 것은 아니란다. 이제는 나이 든 우유 생산자들이 직원들에게 왜 우유 검사를 빡빡하게 하느냐, 진짜 양심적으로 했으니 검사 안 받아도 된다, 이런 실랑이를 하는 모양이다. 이게 심해져서 퇴사한 사례도 있다고 한다. 실제로 소비자생활협동조합(생협) 중에는 영세한 농민에게 '꺾기' 등 횡포를 부리는 경우도 종종 있다. 원칙적으로는 생산자들에게 좀 더 배려하는 것이 협동조합 정신이다.

협동조합이 이렇게 괜찮은 직장이라면 왜 서울우유만 직장 만족도도 높고 외부에서도 긍정적으로 보는지 의문이 생겼다. 한국에서 가장 큰 협동조합은 단연 농협이다. 연봉도 최고고, 직원 혜택도 좋다. 그렇지만 농협의 직원 만족도가 그렇게 높지는 않다. 남성, 팀장급, 정규직에게는 정말 최고지만, 직급 낮은 직원들, 여성, 비정규직에게는 만족도가 높은 회사는 아니다. 그리고 온 국민이 싫어한다. 삼성만큼이나 다크한 이미지를 가지고 있다. 한국에서 농협 욕하지 않는 사람은 아직 한 명도 못 만났다. 서울우유랑 농협이랑 뭐가 달라서 이렇게 차이가 날까?

농협이 생겨난 것은 1958년이지만, 농업은행과 합병되면서 우리가 알고 있는 바로 그 농협이 만들어진 것은 1962년 2월이다. 5·16 직후, 박정희와 김종필이 제일 먼저 작업해서 만든 게 바로 농협이다. 군인들은 농협을 자신의 통치 기반으로 생각했다. 그러다 보니까 농협은 너무 정치에 휘둘리는 곳이 되었다. 농협중앙회 회장은 역대로 대통령과 친한 사람이 된 경향이 있다. 감옥도 많이 갔다. 정상적인 협동조합으로 성장하고 발전하기에는 너무 많은 사람들이 관심을 가졌다.

서울우유는 다행히도(!) 박정희가 별 관심을 갖지 않았다. 덴마크나 스위스 같았으면 우유 만드는 회사가 국가 기간산업 중 1번이다. 박정희나 전두환도 서울우유에는 관심 없었고, 이명박과 박근혜도 우유는 먹거나 말거나 신경 안 썼다. 덕분에 서울우유는 농협과 다른 길을 걸었다. 정부 마음대로 붙였다 떼었다, 없앴다 말았다 하는 반쯤은 정부기관인 축협 같은 곳과 다른 길을 걸을 수 있었다. 그리고 서울우유는 지역 독점 성격이 강하다고는 하지만, 매일우유 같은 괜찮은 회사들과 경쟁도 해야 한다. 적당한 자율성과 적당한 긴장, 이런 것들이 오늘의 서울우유를 한국 최고의 직장으로 만든 요인이라고 생각한다.

서울우유 외에 그래도 월급처럼 월급을 주는 협동조합이 '한살림'이다. 웬만한 중소기업보다 많이 준다. 지금의 생협 중에서 농민들과의 관계에 가장 적극적인 곳이기도 하다. 출발 자체가 다른 생협과는 조금 달랐다. 농민들 중심으로 조직이 만들어진 전통이 아직까지 남아 있다. 하지만 아직은 연봉도 의미 있게 주는 협동조합이나 사회적 기업이 많지는 않다. '오래된 미래'와 같은 일이기는 한데, 서울우유같이 오래 버텼고 또 앞으로도 한참은 더 갈 협동조합이나 사회적 기업이 늘어나면 좋겠다.

서울우유, 최고의 연봉은 아니지만 최고의 직장임은 맞는 것 같다. 그러나 1년에 뽑는 인원이 30명 정도로 너무 적다. 전체 직원은 약 1,800명, 엄청난 대규모 조직은 아니다. 직원을 뽑는 방식도 특색이 있다. 채용은 리크루트 같은 외부 용역회사에 맡긴다고 한다. 이게 최선의 방식이냐고 물을 수도 있지만, 누군가에게 지나친 권한을 주어서 문제를 일으키지 않을 방법이라는 점은 맞을 것 같다. 공기업을 비롯해서 많은 회사들의 채용 비리는 아마도 영원히 계속될 문제일지 모른다. 차라리 공공부문만이라도 이렇게 외부 전문회사에 채용을 맡기는 것이 지금보다는 낫지 않을까, 그런 생각을 해봤다.

경제적 조직에 민주주의가 허울만 있는 상황, 필요 이상으로 상급자들이 하급자들을 괴롭히는 상황 그리고 무한경쟁으로 먼저 승진하는 사람들 말고는 알아서 옷 벗고 나가야 하는 상황. 한국 기업들 내에서 흔히 벌어진다. 그러나 이런 상황이 과연 자본주의 때문일까? 서울우유를 보면서, 자본주의가 문제가 아니라 적절한 내부 민주주의와 제도가 함께 진화하지 못한 기형적인 시스템이 문제라는 생각이 들었다. 앞으로 사회적 경제의 비중이 늘어나고, 그런 곳들도 안정적인 조직으로 정착하면 우리의 일상 모습도 많이 바뀔지 모른다. 서울우유 같은 곳, 아직은 많지 않다. 그러나 변화의 씨앗은 1937년부터 21세기까지, 죽지 않고 보존되어왔다.

카카오 민주주의,
여기는 또 다른 고향

예쁘게 빛나던 불빛

공장의 불빛

온데간데없고

희뿌연 작업등만

이대론 못 돌아가지

그리운 고향마을

춥고 지친 밤

여기는 또 다른 고향

_ 김민기 노래극 〈공장의 불빛〉(1978) 중

1978년 2월 인천에 있는 동일방직 공장에서 여성이 노조 위원장으로 당선되는 일이 벌어졌다. 난리가 났다. 여성 노동자들이 제대로 된 자신들의 노조를 만들기 위해 모였다. 그때 회사 측에서 여성 노동자들에게 인분을 뿌렸다. 이른바 동일방직 똥물 사건이다. 그 시절에는 시민 사회랄 것도 없었고, 노조도 아무것도 아니었다. 언론은 침묵했다. 그해 5월 1일 노동절, 동일방직 여성 노동자들은 한마디 외치고 경찰에 잡혀 갔다.

"아무리 가난하지만 우리도 인간이다. 우리는 똥은 먹고 살 수 없다."

그때 플래카드에 내걸린 문구다. 사람들은 충격을 받았다. 구로동에서 인천에 이르는 경인공업지구의 공장들은 한국 자본주의가 시작된 곳이다. 당시 28세였던 김민기는 이 사건에 충격을 받고 가수 송창식의 녹음실을 빌려서 노래극 〈공장의 불빛〉을 만들었다. 박정희의 유신은 점점 버티기 어려울 만큼 악랄해지고 있었다. 섬유산업의 공장들, 그곳을 김민기는 '또 다른 고향'이라고 불렀다. 테이프에 녹음된 〈공장의 불빛〉은 여러 사람의 손으로 복사에 복사를 거치면서 빠르게 전파되었다. 정말로 많은 사람들에게 공장은 또 다른 고향이었다. 서울의 경세는, 인천에서 구로동 사이에 있던 노동자들의 눈물 위에 번영의 길을 닦고 있었다.

2015년경, 서울 구로동의 IT 업체 청년 노동자들과 여러 차례 인터뷰도 하고 간담회도 했다. 구로동의 공장들은 사라졌지만, 그 자리에 벤처타운이 들어섰다. 그리고 규모가 작은 IT 업체들이 상대적으로 저렴한 사무실을 찾아 몰려들었다. 당시 추진되고 있던 주 52시간 근무 등 노동시간 단축과 청년 노동자들의 복지 개선에 관한 의견을 듣고 싶었다.

"그런 말도 안 되는 이상한 얘기 하지 마시고요, 차라리 건물에 샤워 시설이나 하나 있었으면 좋겠어요."

사실 그때 충격 받았다. 게임을 개발하는 IT 업체 현장이나, 재하청 혹은 삼하청을 받아 웹디자인이나 코딩 작업을 하는 청년 노동자들의 상황에 대한 개선 방향이 잘 보이지 않았다. 큰 회사들은 어느 정도 감독 체계를 만들 수 있는데, 작은 사무실에 대해서는 뭘 추진하기가 어렵다. 조금만 센 정책을 디자인하면 경영자총협회나 중소기업중앙회만이 아니라 중소기업청에서도 '배 째라' 한다. 지원을 보태서 중소기업의 '진흥 여건'을 만들어야 하는데, 왜 규제를 만들어 초를 치냐는 거다. IT 현장의 청년 노동자들도 그런 상황을 어느 정도는 알고 있었다. 어차피 실현하지 못할 얘기는 꺼내지도 말라고 처음부터 면박을 주면서 대화가 시작되었다. 그 와중에, 그런 귀신 씻나락 까먹는 소리 하지 말고 샤워 시설이나 놓아달라는 얘기가 내 가슴을 쳤다.

하청에 하청을 받는 마지막 단계의 IT 노동자들은 밤새우는

게 일쑤다. 그렇다고 밤새 일했으니까 집에 가서 좀 쉬라고 하는 일
도 거의 없다. 잠깐이라도 짬이 나야 집에 가서 씻고 오는데, 사무실
에 샤워 시설이라도 있으면 좋겠다는 거다. 아파트형 공장 혹은 아파
트형 사무실처럼 벌집 구조로 지어진 이 업체들은 현대판 공장이다.
구로동의 섬유공장들이 구로동의 IT 사무실로 형태만 바뀌었을 뿐
이다. 직원 수가 많지 않은 작은 IT 업계가 바짝바짝 붙어 있는 구로
동 사무실 단지, 겉은 주상복합처럼 화려하지만 그 안에서는 한국에
서 가장 노동 강도가 높은 IT 노동이 진행되고 있다. 직원이 수십 명
이 되지 않는 작은 업체, 특히 5인 이하 사업장은 여전히 최소한의
인간적인 조건도 충족하기 어렵다.

　4차 산업혁명이라는 되도 않는 이름을 붙이면서 생난리를 치지
만, 정작 청년 노동자들이 주로 일하는 IT 산업 현장은 열악하기 그
지없다. 최소한의 생리적 권리나 휴식할 시간도 제대로 지켜내기 어
려운 이곳에서 무슨 직장 민주주의인가, 그런 생각이 들었다. 그렇게
구로동을 돌아 나올 때 마음속에 울리던 노래가 "여기는 또 다른 고
향"이라는 가사로 마무리되는 〈공장의 불빛〉이었다. 세련된 현대판
공장, 구로동 디지털단지의 사무실들. 다른 건 몰라도 불빛만큼은 여
전히 아름다웠다.

　IT 산업만큼 민주주의와 관련해 양극단의 운영 방식을 보이는
산업도 없을 것 같다. 한쪽에서는 여전히 창업자의 카리스마 운운하
는가 하면, 한쪽에서는 극도로 자유롭고 민주적인 사내 분위기를 추

221

구한다. 신규시장이라서 아직 패턴이 형성되지 않아 긴박하고도 중대한 의사결정이 많다. 업체 간 대규모 인수합병도 자주 이루어진다. 수조 원 혹은 그 이상의 돈이 움직이기 때문에 머니게임의 양상도 종종 벌어진다. 업계 구조상 창업자가 카리스마를 가지고 과감하게 결정을 내려야 한다는, 민주주의가 적이라고 생각하는 사람들도 많다. 민주주의를 아직 못하는 게 아니라 민주주의를 하면 안 된다고 믿는 창업주들이 적지 않다. 그들은 위계를 숭상하고 수직 질서가 더 강화되어야 한다고 믿기도 한다. 그 반대편에는 IT 업종도 결국은 사람이 하는 일이라고 생각해서, 더 좋은 복지와 더 많은 민주주의를 추구하는 회사들도 있다. 이런 데는 벤처 수준의 중소기업이라도 입사 경쟁률이 엄청나게 높다. 어느 쪽이 결국 옳을까?

한국의 IT 업체 중에서 카카오는 민주주의 운영 방식을 대표하는 회사다. 100명 혹은 그 이하의 직원이 있는 회사 중에는 카카오보다 더 급진적이고 강력한 방식의 민주주의를 추구하는 회사도 여럿 있다. 그렇지만 카카오와 같은 규모에서는 드물다. 다음과 카카오가 합병해서 만들어진 지금의 카카오는 규모로도 한국을 대표하는 기업 중 하나다. IT 업계가 고용집약적인 산업은 아니라서 고용 규모는 3,000명이 좀 안 된다.

일본 경제를 따라서 한국을 지탱해온 산업들을 중후장대형 산업이라고 불렀다. 석유화학, 시멘트, 조선 산업처럼 엄청나게 큰 장비가 특징인 업종들이다. IT 산업의 경우는 특별히 서버 운용사가 아니라면 사람이 바로 시설이고 설비다. 제주도에 본사를 둔 카카오나 판교에 본사를 둔 네이버나, 제일 큰 물리적 설비란 직원들이 근무하는 본사 건물일지도 모른다. 그리고 거기가 바로 그들의 공장이다. 이 새로운 산업의 새로운 공장은, 중후장대형 산업과는 좀 다른 방식으로 돌아간다.

IT 업종 등 혁신을 중요시하는 회사에서는 직원들끼리 서로 존칭을 쓰지 않는 경우가 종종 있다. 존칭을 떼는 경우, 대표적으로 다음 창업자인 이재웅은 '재웅이'로 불렸다. 우리말 사랑이 좋은 정신이기는 한데, 한국어 이름은 왠지 존칭을 붙이지 않으면 하대하는 것처럼 들리기도 한다. 카카오는 영어 이름을 쓴다. 카카오 창업자인 김범수는 '브라이언'으로 불린다. 이렇게 오래 지내다보면 동료들끼리 본명을 모르는 경우도 있다. 베테랑이든 신입이든, 최소한 호칭으로는 서로를 존중한다. 이런 방식은 정말 외국식이다.

수직적 체계에서 수평적 체계로 전환할 때, 딱 30초 만에 서로의 관계와 위계를 알 수 있는 한국식 호칭은 그야말로 최악이다. 미국에서는 박사는 Dr., 교수는 Pr.로 약어를 쓴다. 국제 사회가 영어를 기반으로 하니 UN에서도 이 약칭이 공식 호칭이 되었다. 프랑스에서는 이런 거 얄짤 없다. 단두대에서 왕의 목도 잘라버린 혁명의 나라에서 박사, 교수, 이게 뭔 나부랭이? 박사든 교수든, 전부 '무슈'의 약칭인 Mr.를 이름 앞에 붙인다. 하물며 회사 안에서 회사 좀 먼저 들어왔거나 권한이 좀 많다고 윗사람인 척하는 거, 있을 리 없다.

물론 한국에서는 다르다. 별칭이나 아이디 혹은 영어 이름으로

223

호칭을 바꿀 수는 있지만, 그렇다고 진짜로 조직 내에서의 관계도 바뀌지는 않는다. 그러나 카카오는 사원, 대리, 과장, 차장, 부장으로 이어지는 직급 체계 자체가 없다. 심지어는 임원도 없다. 회사 바깥에서는 남들이 불편해하니까 사장, 부사장, 이사 같은 외부용 직함을 사용하기는 하지만, 회사 안에서는 없다. 프로젝트에 따라 팀장이나 부문장 같은 보직은 존재하지만, 어디까지나 임시 보직일 뿐이다. 나이 어린 직원이라도 그 일을 가장 잘 알면 팀장을 맡는다. 팀 내에 팀장보다 나이 많은 직원이 존재하는 것이 자연스러운 일이다.

카카오의 임지훈 전 대표는 35세에 조직을 총괄하는 대표가 되었다. 한동안 카카오의 얼굴이자 진짜 대표로 활동했다. 성공한 사례인지 아닌지는 여전히 격론 중이다. 그러나 군대처럼 움직이는 것이 최고로 효율적이라고 생각하는 한국 기업에서 카카오가 대기업으로서는 매우 특별한 사례임은 분명하다. 앞으로도 권위적이고 위계중심적인 전통적 조직 형태로 돌아가지는 않을 것 같다.

카카오에는 직급 체계만 없는 것이 아니라 정보 운용도 좀 더 수평적이다. '아지트'라는 이름의 내부 인트라넷은 상급자는 물론이고 기획실 혹은 비서실 같은 곳의 정보 독점이 존재하지 않도록 투명하게 운용된다. 아주 극비의 개발사업에서 '초대 한정'이 걸리는 경우를 제외하면 정보는 원칙적으로 조직원 누구에게나 공개된다.

같은 방식으로 법인카드 사용 내역도 공개된다. 회식비나 출장비를 누가 얼마나 썼는지, 그야말로 전 직원이 들여다보는 상황이다. 임원들이 누구를 만나는지 무얼 하는지 전혀 알 수 없는 많은 대기업들과는 좀 다르다. 물론 카카오의 경우 전체적으로 회식비가 조금씩 올라가는 부작용이 있기는 하다. 그렇지만 시간이 지나면서 '이 정도면 적당하다'는 암묵적인 상식선이 생겨난 터라 장기적으로 이 정도 비용 때문에 문제가 발생하지는 않는다. 총무팀에서 이런 거 가지고 시비 걸지도 않는다.

별것도 아닌 일을 회사 '경영비밀'이라고 꽁꽁 감추는 조직과, 풀 수 있는 것은 전부 풀어서 공유하는 조직, 어느 쪽이 더 바람직할까? 카카오의 인트라넷 얘기를 삼성의 차장급 직원에게 전해주고 의견을 물었다.

"우린 회사 얘기를 맨 마지막에 알아요. 업무 개편한다고 전날 통보가 와요."

기자도 알고, 전문가들도 알고, 업계 관계자들도 이미 다 아는 얘기를 정작 직원인 자신들은 맨 마지막에 안다는 것이다. 삼성의 일은 일부러 삼성에서 홍보를 위해 보도자료 돌린 경우 아니면 신문에도 거의 나지 않는다. 기자가 알아도 써달라고 일부러 부탁받은 경우 아니면 잘 안 쓴다. 극단적인 관리를 중시하는 조직과 자발성과 창의성을 위해서 극단석으로 위계를 없애는 조직, 아직은 산업의 특징에 따른 차이라고 가볍게 해석하는 것이 우리의 관성이다.

물론 카카오에도 직원들 불만이 전혀 없지는 않은 모양이다. 인공지능 등 좀 더 돈이 될 것 같은 사업부서와 코딩이나 관리 등 전통적인 업무를 하는 부서 사이의 인센티브 차이가 커지면서 연봉 격차가 생겼다. "뭐야 이건, 조직 안에 돈 되는 일이 있고, 돈 안 되는 일이 있단 말이야?" 불만이 나오기 시작한다. 불만이 조금씩 늘어가는 사이, 최근에 성과가 좋지 않아서 연봉 인상이 전체적으로 정체되었다. 카카오에도 고민이 없지는 않은 것 같다.

업무시간은 어차피 못 줄일 테니 샤워 시설이라도 놔줬으면 좋겠다는 IT 하청업체와, 정보의 대부분을 공유하고 직급 체계도 없애버린 카카오, 이런 데가 모두 IT 회사라는 이름으로 불린다. 좋든 싫든, IT와 같은 미래 산업들이 21세기의 새로운 공장이 되고 있다. "여기는 또 다른 고향", 그렇기는 하다. 동일방직 사건이 벌어진 지 딱 40년이 흐른 지금, 제주도에 본사를 둔 카카오 직원들이 자신들의 회사를 "여기는 또 다른 고향"이라고 말할 수 있을까?

40년 전에는 섬유산업이 한국의 기간 산업이었고, 지금은 IT가 한국의 기간 산업이다. 크고 작은 회사들이 서로 얽혀 생태계를 구성하고 있는 이 직종, 그러나 민주주의에 큰 민주주의와 작은 민주주의가 따로 있는 것은 아니다. 아무리 작은 기업이라도, 직장 민주주의가 최소한 카카오 수준으로 강화될 필요가 있지 않을까? 시간은 흐른다. 그리고 세상은 변한다. 여직원들이 노조 만든다고 회사측에서 인분을 뿌렸던 시절이 우리에게도 있었다. 우리의 21세기는 그와는 좀 다른 모습이었으면 한다.

여행박사 민주주의,
직장 민주주의 끝판왕

한국에서 중소기업은 전근대의 상징으로 여겨진다. 삼성 같은 대기업의 창업자들이야 회사를 워낙 큰 규모로 기적처럼 일궈냈으니까 존경받는다고 치자. 그런 엄청난 회사가 아니어도 자신의 회사를 소왕국처럼 만들어놓고, 법인을 개인 소유물 심지어는 가족 소유물처럼 운영하는 경우가 적지 않다. 업무상 비밀도 많고, 합법과 불법의 경계선을 오가는 비자금도 복잡하다. 회사 차 자기 차에 구분이 없는 경우는 기본이고, 자기 건물 회사 건물도 경계가 불투명하다. 그렇다고 유럽의 가속회사들처럼 무슨 엄청난 기술을 가지고 있거나 사명감을 가지고 문화적으로 중요한 일을 하는 것도 아니다. 존경하는 사람은 아무도 없는데, 잘난 척은 또 엄청나게 한다. 물론 한국의 모든 중소기업이 그런 것은 아니다. '그렇지 않은' 기업의 맨 앞에 여행박사라는 회사가 있다.

여행박사는 2000년 창립한 일본여행 전문회사다. 일본 무박3일 여행, 통칭 '올빼미 여행'을 개발해 전설 같은 성공담을 만들었다. 그러나 2008년 글로벌 금융위기 때 부도가 난 적이 있고, 많은 여행사가 그렇듯이, 조류독감이나 지진 같은 큰 사건이 벌어지면 경영상 치명적 타격을 받기도 한다. 메르스 사태 때도 아주 힘들었다. 초창기의 신화 이후 내내 승승장구해온 회사는 아니다. 그런데 규모 300명 미만의 이 회사는 이제 사내복지와 민주적인 기업 문화로 아주 유명해졌다.

2012년 봄에 여행박사의 신창연 대표를 만난 적이 있다. 당시 우리나라 기업복지를 대표하는 회사였다. 프랜차이즈와의 공생 관계로는 굽네치킨이, 비정규직과의 관계로는 오뚜기가 한창 좋은 선례로 유명하던 시절이었다. 그때도 여행박사의 복지는 무척이나 인상 깊었다. 3년에 한 번씩 주어지는 안식월도 놀랍고, 점차 주 4일 근무를 안착시킬 거라는 얘기도 놀라웠다. 아침에 적당한 시간을 골라 자율 출근을 할 수 있고, 재택근무도 환영이다. 정년제도도 없고, 1년까지는 무급휴가를 쓸 수 있다. 출퇴근 왕복 3시간 이상이면 무료로 사택도 지원한다. 부모님 생신, 자녀 출산, 본인 사망 등 상상할 수 있는 모든 항목에 지원금이 나간다. 그리고 분기별로 5만 원씩 도서구입비도 준다. 열거하기 어려울 정도로 어마어마하다.

그렇다면 그렇게 쓰는 재원은 어떻게 충당할까? 부서별로 서로 의논해 연간 매출 목표를 정한다. 그리고 그 수익의 일부를 공동의 복지로 쓸 재원으로 떼어낸다. 회사 매출로 목표한 금액이 달성되면 초과 수익은 인센티브로 가져간다. 직원들은 이를 '택시회사 시스템' 같은 것이라고 설명했다. 택시기사가 회사에 꼭 납부해야 하는 사납금을 채운 다음에 나머지 돈을 가져가는 것과 같다는 의미다. 물론 월급과 복지 비용이 보장된 다음에 잉여로 생겨나는 돈이 인센티브이기 때문에 회사 택시의 사납금 체계와 완전히 같은 것은 아니다. 웃자고 하는 얘기다.

그 시절에는 여행박사를 중소기업에서, 그것도 연봉 수준이 높지 않은 여행업이라는 특수한 직종에서 생겨날 수 있는 실험적 회사라고 생각했다. 복지가 여행박사보다 더 좋은 회사는, 특히 대기업은 우리나라에도 충분히 있다. 점심을 호텔식 케이터링으로 운용하는 곳도 있다. 금액만 놓고 따지면, 자녀들 대학 등록금을 그냥 대주는 공기업이나 대기업의 회사복지를 중소기업이 따라가기는 쉽지 않다. 심지어 대기업 중에는 자녀들 조기유학과 관련된 지원을 해주는 곳도 있었다. 곰곰이 생각해보다가 그 시절에 내가 내린 임시 결론은, 그런 기업들의 사내복지는 창업주의 카리스마로 유지되는 시혜적 사내복지라는 것이었다. 복지는 가능한 여건 내에서 정말 최고지만, 직장 민주주의도 성공석이다, 이렇게 결론을 내리기는 쉽지 않았다.

내가 신창연 대표를 만난 다음 해의 일이었다. 여행박사는 매년 팀장급 이상과 대표이사에 대해 전 직원이 참여하는 신임투표를 실시하는데, 이 투표에서 그가 유임 가능한 지지율 80%를 넘기지 못했다. 79.2%, 한 표 차이였다. 이래저래 난감한 상황이 벌어졌다. 창업주 신창연이 없는 여행박사는 상상하기 어려웠다. 그러나 그는 '다시 투표? 안 돼, 쪽팔려', 그렇게 마음을 먹고 그냥 대표직에서 물러나 중국여행을 떠났다. 대표 자리는 팀장급 30여 명을 대상으로 후임자를 뽑는 투표를 실시해 당시 일본 팀장이 맡게 되었다. 이래서 여행박사에서는 창업주가 투표로 밀려나고, 진짜로 직원들이 뽑은 대표와 함께 새로운 경영이 시작되었다.

원래부터 창업주 신창연이 직장 민주주의의 최전선에 있는 기업을 꿈꾸거나 설계한 것은 아니었다. 그러나 지금은 그렇게 되었다. 노조가 점점 발달해 경영 과정에 참여하는 유럽식 직장 민주주의와는 좀 다른 모델이다. 직원 투표와 창업주의 결정이 결합되면서 지금과 같은 형태의 '여행박사 민주주의'가 자리 잡았다.

직원들의 투표로 회사 대표를 결정하는 회사, 한국에서는 아직 낯설다. 직장 민주주의의 끝판왕이라고 하지 않을 수 없다. 이런 회사가 한국에 존재한다는 것만으로도 많은 사람들이 어색하게 생각할 것이다.

기왕 '끝판왕' 얘기를 하는 김에 내가 본 직장 민주주의의 끝판왕 사례로 이 장을 마무리할까 한다. 덴마크에 있는 에너지 전문회사인 플란에네르기PlanEnergi는 유럽의 재생가능 에너지 엔지니어링 분야에서 선두그룹에 속한 회사다. 이 회사는 가끔 다양한 실험으로 '미친 회사'라는 소리를 듣지만, 워낙 고급 엔지니어들이 많아 앞에서 함부로 뭐라고 하는 사람은 없다. 8명으로 꾸려진 회사 이사회에는 직원 대표가 3명 들어간다. 유럽에서 이 정도 가지고 놀랄 사람은 없다. 진짜 놀라운 것은, 이 회사에서는 모든 직원이 같은 임금을 받는다는 점이다. 일정 금액 이상의 연봉을 실현하는 회사는 존재하지만, 정말로 같은 임금을 받는 회사가 있단 말이야? 조직 자체가 미래지향적 실험을 지향하긴 하지만, 벤처캐피털이 위험을 감수하는 대신 나중에 엄청난 보상을 받는 것과는 또 다른 방식의 조직 지향을 가지고 있다.

모두가 같은 임금을 받는 회사, 실험으로 치면 정말로 끝판왕이다. 이 모델이 돌아가려면 먼저 회사를 만든 사람들 그리고 윗자리에 있는 사람들이 많은 것을 양보해야 한다. 플란에네르기의 실험이 언제까지 계속될까? 덴마크에서 유럽 지역으로 사업 영역이 확대된 지금까지도 이 동일연봉의 원칙은 유지되고 있다. 진짜로 직장 민주주의의 끝판왕이 아닌가?

아직 한국의 중소기업이나 새로 생긴 회사들 중에는 직원들의 기본적인 인권도 생각하지 않는 곳이 적지 않다. 그러나 우리나라도 점점 더 민주주의 깊은 곳으로 가고 있고, 세계적으로도 직장 민주수의 실험은 아직 끝에 도달하지 않았다. 돈과 권력을 사장이 모두 틀어쥐었던 시대에서 세상은 다른 시대로 넘어가는 중이다.

6장

인간의
얼굴을 한
자본주의

희망의
씨앗을 뿌린다

1997년 12월, IMF 경제위기와 함께 정권이 바뀌었다. OECD 가입과 함께 억지로 1인당 국민소득 1만 달러 기록을 이끈 김영삼은 보수정권의 몰락과 함께 역사의 뒷자리로 내려갔다. 민주당 정권 10년이 지나고, 다시 보수당 정권이 10년 가까이 지났다. 이제 한국은 1인당 국민소득 3만 달러를 달성한 나라가 되었다. 7~8%, 좋으면 10%도 나오던 경제성장률을 다시 보기는 어렵다. 잠재성장률 추정치도 이제는 3%대다. 이제 기업 순위표를 보면 당대에 크게 성과를 이루어서 그 자리에 오른 기업은 매우 드물다. 2대 승계만 해도 다행이고, 3대도 흔하다.

일반적으로 경제성장 지표들과 역으로 가는 수치들이 몇 개 있는데, 대표적인 것이 저축률과 합계출산율이다. 그런데 우리나라는 경제성장 지표와 함께 떨어지고 있다. 일본은 어려운 90년대를 지나면서 국민 특히 청년들의 저축률이 더 높아졌다. 반면 우리는 IMF 이후 저축률을 따지는 것이 무의미해졌고, 신용대출 즉 마이너스 통장 금액이 더 유의미한 수치가 되어버렸다. 합계출산율은 진짜로 드라마틱하다. 1971년 한국의 합계출산율은 4.530, 여성 1명당 4명이 넘는 아이를 평균적으로 낳았다. 1977년, 2.990으로 몇 년 사이에 3명 밑으로 내려갔다. 1984년 1.740으로 1명대로 내려갔다. IMF 경제위기 한가운데인 1988년도에는 1.448, 큰 변화가 없었다. 그리고 2005년에 1.076으로 최저점을 찍었다. 그 상태에서 약간 올랐다, 약간 내렸다, 10년 넘는 세월이 지났다. 그동안 저출산 대책을 세운다고 뭔가 엄청 했는데, 수치는 미동도 안 했다. 그리고 2018년 드디어 1 이하로 떨어졌다. 서울은 벌써 2017년에 1 이하로 내려갔고, 종로구와 강남구는 0.8 이하로 내려갔거나 내려갈 기세다. 프랑스, 스웨덴, 영국 등 비슷한 추세를 보이던 나라들은 2 혹은 그 근처로 다시 돌아갔다.

이런 우울한 지표들 사이로 강남으로 대표되는 서울 특정 지역들의 부동산 지표들이 고공으로 날아다닌다. 아파트, 새 거는 새 거라고 비싸고, 오래된 거는 곧 새 거 지을 거라고 비싸다. 나머지 부동산들은? 아무 일도 안 벌어진다. 3% 아래에서 노는 경제성장률, 1% 아래로 내려간 합계출산율, 그리고 추정이 불가능할 정도로 다른 지표와 따로 노는 강남의 '똘똘한 한 채', 이게 지금 우리에게 펼쳐진 전경이다.

우리에게도 희망이 있을까? 한국의 중산층 대부분이 자신의 삶을 그렇게 희망적으로 보지 않는 것 같다. 그리고 자식의 미래를 희망적으로 보는 중산층은, 정말로 드물다. "나 때까지는 그럭저럭 버티겠는데, 쟤네들 때는, 글쎄요." 경제 상층부의 5%, 크게 보아 10% 정도를 제외하면, 개개인의 운명 특히 다음 세대의 운명까지 희망적으로 보는 사람은 매우 드물다. 그리고 그 생각이 아주 틀린 것도 아니다. 한국 중산층을 두 그룹으로 나누면 자신의 미래는 그래도 어느 정도 자신 있는 사람 그리고 자신의 노후도 자신 없는 사람, 그렇게 볼 수 있지 않겠는가? 누적된 자산효과가 이제 너무 커졌다.

오늘날 30~40대의 현실을 보면서 10~20대가 애당초 출산은 물론이고, 결혼과 연애도 꿈꾸지 않게 되는 것은 너무 당연하다. 중산층 2세, 그들에게 한국 경제가 무슨 꿈을 줄 수 있고, 무슨 희망을 줄 수 있겠는가?

덴마크는 고연봉자에 한해서만 노동허가권을 내주는 식으로 이민을 제한하고 있는데, 우리 지배층은 낮은 임금을 위해 더 많은 이민자를 받아들이려고 한다. 그러면 그들과 일자리를 놓고 경쟁을 벌여야 하는 청년들과 기존의 외국인 노동자는 반발하게 된다. 이런 구조에서 개인들이 무슨 희망을 생각하겠는가?

누가 우리에게 희망을 가져다주지 않는다. 우리가 만드는 수밖에 없다. 모든 것이 얽히고설켜서 뒤죽박죽일 때, 기본을 다시 생각해보는 수밖에 없다. 우리는 인간적으로 사람들에게 너무 막 대해왔다. 먹고사느라고 너무 많은 것을 포기해왔다. 모멸감을 참으면서 돈을 버는 시대가 너무 길었다. '인간의 얼굴을 한 자본주의', 좀 오래된 개념이지만, 한국 경제가 그런 모습이라고 말하기는 민망스럽다. 여전히 우리 경제 상층부를 생각하면 '천민 자본주의'라는 말이 더 잘 어울리고, '졸부'라는 표현이 입에 짝짝 붙는다. 이제 우리는 1인당 국민소득 3만 달러의 국가다. 아마 한국도 1인당 국민소득 6만 달러, 7만 달러 혹은 그 이상의 북유럽 스타일처럼 갔으면 하는 욕망은 저마다 가지고 있을 것이다. 그렇지만 아직도 '내'가 6만 달러 벌어야지, 하는 생각이 강하지, '우리'가 같이 그 시대를 향해 간다는 생각은 하지 않는 것 같다. 6만 달러면 자녀 둘인 부부의 평균 연소득이 2억 4,000만 원이라는 얘기다. 엄마 아빠 각각 연봉이 1억 원 가까이 되어야 그 숫자가 나온다. 현기증 나서 보통 사람들은 상상도 못한다. 지금처럼 서로 악다구니하면서, 그래도 돈 되는 것은 아파트밖에 없다, 이러면서 우리가 다 같이 거기 갈 수 있겠나? 부동산 거품을 좀 빼야 집값 걱정이 줄어드는 것처럼, 어깨에 힘을 좀 빼야 서로 괴롭히는 일이 줄어든다. 남을 괴롭히면 내가 행복해지는가? 그럴 리가 없다. 지금 우리에게 필요한 것은 '인간의 얼굴을 한 자본주의'이다.

우리가 아름답다고 생각하는 나라들, 받아주기만 하면 기꺼이 이민 가겠다고 하는 북유럽 나라들을 지탱하는 경제의 두 축이 복지와 직장 민주주의다. 여기에 좀 더하면 풀뿌리 민주주의라고 할 수 있다. 복지는 우리도 얼추 메뉴판을 차릴 정도는 되었다. 물론 규모와 깊이로는 턱도 없지만, 도입도 안 된 정도는 아니다. 그럼 직장 민주주의는? 아직 아니다.

다행인 것은, 직장 민주주의가 복지처럼 돈이 많이 들어가는 일이 아니라는 점이다. 개별 회사에서 그냥 직장 민주주의라는 걸 문화적으로, 제도적으로 하나씩하나씩 만들어보기로 결정하면 되는 일이다. 복지처럼 큰 비용을 전제하는 것이 아니라 회사에서 그냥 '하면' 된다.

또 하나 다행인 것이, 직장 민주주의는 일종의 생활 민주주의라서 정치 민주주의처럼 거대한 과정을 거쳐야 하는 것도 아니고, 지난하게 오랜 세월을 기다려야 하는 것도 아니라는 점이다. 법안을 만들 때처럼 국회에서 표결을 통과해야 하는 것도 아니고, 정권을 바꿀 때처럼 대선에서 절대적으로 승리해야 하는 것도 아니다. 직장 민주주의는 그런 거창한 일이 아니라서 많은 직장들이 생각보다 빨리 바뀔 수 있다.

촛불집회가 끝나고 많은 사람들이 정권을 바꾸는 것보다 삼성을 바꾸는 것이 더 힘들 거라는 얘기를 했다. 물론 삼성이나 현대 같은, 민주주의와 좀 거리가 먼 회사들이 바뀌기는 쉽지 않다. 그러나 꽤 높은 수준의 직장 민주주의를 형성한 기업들이 이미 우리에게도 있다. 직장 민주주의, 몰라서 못하는 것이지 어려워서 못하는 것이 아니다.

여기에 정부가 적절한 제도와 지원책을 만들면 그 속도는 훨씬 빨라질 수 있다. 산업 전체 혹은 동종 업종 전체가 민주주의 틀을 갖추어야 한다면 쉽지 않고 지난하기도 하다. 그러나 회사 단위별로,

그것도 공공부문에서 먼저 직장 민주주의 인증제를 도입한다면 별로 곤란한 일도 아니다. 하나씩하나씩, 하면 되는 일이다. 박근혜 시절에 'KBS 민주주의'는 생각도 어렵고, 말 꺼내기도 어려운 일이었다. 그러나 지금 그게 그렇게 어려운 일일까? 한국생산성본부같이 정부 일을 맡아 하는 인증기구에서 표준 절차 만들어서 하면 된다. 자기 회사부터 자기 형편에 맞는 직장 민주주의를 정착시키는 일, 그게 우리의 다음 단계다.

내가 직장 민주주의가 우리가 같이 일굴 수 있는 거의 유일하고 마지막인 희망이라고 생각하는 것은, 결국 일해야 먹고사는 다음 세대에게 남겨줄 수 있는 현실적인 대안이기 때문이다. 지금 우리를 위해서도 필요하지만, 미래 세대에 최소한 한국에서 남의 돈 받고 일할 때 이 정도 대접은 받고 살 수 있다, 그런 믿음이 필요하다. 우리가 일하면서 직장에서 받았던 대우보다 더 나은 대우를 받는 사회, 그 정도는 우리가 만들어 물려줄 수 있지 않은가? 그게 직장 민주주의다. 거창한 것은 아니지만, 한국 경제가 적어도 지금보다는 나은 미래를 상상할 수 있게 하는 거의 유일한 디딤돌일 듯싶다. 그렇게 걸어가다보면, 언젠가 한국 경제를 '인간의 얼굴을 한 자본주의'라고 말할 수 있는 순간이 올 것이다. 그리고 이 길을 걸어가다보면, 자연스럽게 소득도 오른다.

직장 민주주의, 혁명으로 하는 거 아니다. 제도로 하고, 대화로 하고, 투표로 하고, 분위기로 하는 거다. 한겨울 몇 달씩 광장을 채

왔던 촛불집회보다 쉽다. 승리라는 표현 뒤의 공허한 일상보다는, 뭐하나라도 나아진 생활 경제가 더 의미 있다. 지금 우리가 여기에서 하는 일이 희망의 씨앗을 뿌리는 일이다. 다음 세대, 그다음 세대에게 좀 더 인간다운 직장을 주는 일, 미래를 만드는 일이다.

동일노동 동일임금 동일처우, 3동 원칙

2018년 미국 동일임금의 날은 4월 10일이었다. 여성이 남성과 같은 연봉을 받으려면 그다음 해 4월 10일까지 더 일해야 한다는 의미다. 우리나라에서도 현재 동일임금의 날을 제정하기 위한 법률이 시도되고는 있다.

고용노동부의 2017년 조사 결과에 따르면 비정규직은 정규직의 69%가량을 임금으로 받는다. 그나마도 당시 진행된 최저임금 상승의 영향으로 격차가 조금 줄어든 것이다. 여성을 위한 동일임금의 날처럼 비정규직을 위한 동일임금의 날을 계산하면 4월의 봄도 아니라 한창 단풍 지기 시작하는 가을 어느 날 정도가 될 것이다.

임금 외에도 밖으로 잘 드러나지 않는 직장 내의 많은 비극이 정규직과 비정규직 사이에서 발생한다. 미투 운동이 가장 활발하던 순간에도 회사에서 비정규직 직원에게 벌어지는 일들은 잘 드러나지 않았다. 직원들을 관리하는 정규직 총무와, 총무에게 잘 보여야 일자리 유지는 물론 정규직 전환까지 많은 것이 걸려 있는 비정규직 직원 사이에서 발생하는 성폭력과 성희롱은 거의 드러나지 않는다. 없는 게 아니라, 그걸 드러냈을 때 비정규직이 받게 되는 충격이 너무 크기 때문이다.

후쿠시마 원전 사태 때 도쿄전력에서 초기에 투입된 노동자들이 비정규직이었다. 많은 사람들이 충격을 받았다. 우리라고 크게 다를까? 비정규직 특히 파견직에게는 안전장비도 제대로 지급되지 않는 경우가 많다. 거기서 그치지 않는다. 안전장비가 필요하다는 인식 자체가 없는 경우가 많다. 우리가 흔히 '회사 범죄'라고 하는 바로 그 카테고리에 해당하는 일이다. 소비자들이 고통을 당한 경우도 회사 범죄지만, 회사 안의 노동자들 특히 비정규직들에게 발생하는 안전상의 취약성을 방치하는 것도 일종의 회사 범죄다. 이런 상황을 그대로 두고도 '행복한 직장'이라고 할 수 있을까?

박근혜도 대선 후보 시절에는 비정규직의 정규직화라는 공약을 걸었다. 그리고 실제로 부분적으로는 정규직 전환을 했다. 그 무렵 나는 정규직으로 전환된 청년들의 변화에 대해 인터뷰를 한 적이 있다. 나는 노동조건이나 임금수준의 변화 같은 얘기를 들을 줄 알았다. 그들이 가장 큰 변화라고 한 얘기는 상상초월이었다.

"소개팅이 들어오기 시작했어요."

선을 보거나 결혼정보회사에 가입할 때 자신이 비정규직임을 밝히지 않으면 정말 큰 스캔들이 된다. 이혼한 사실을 숨기고 맞선을 보는 것과 같다. 그들은 정규직과 같은 자리에서 같은 일을 해왔는데도, 그동안 주변 사람들이 비정규직이라고 소개팅도 시켜주지 않았다는 데 큰 충격을 받았다! 그리고 얄미워서 그런 소개팅은 하지 않았다고 했다.

경제의 눈으로 보면 한국에서 비정규직은 곧 차별이고 격차다. 이미 비정규직의 주변 사람들이 그렇게 생각하고, 그렇게 대하고 있다. 심한 데는 먹는 것도 차별하고, 유니폼 색깔, 셔틀버스 승차 위치까지 차별한다. 실제로 현장에서는 '비정규직이라서' 그렇게 하는 게 당연하다고 여기는 경우가 대부분이다.

성경에 비정규직 얘기가 없고, 불경에 비정규직 얘기가 없다. 철학책에서도 비정규직을 다루는 경우가 없다. 외국에서는 우리나 일본같이 비정규직이 전면화되지 않아서 비정규직 문제를 다루는 경우가 드물다. 열악한 노동환경이나 일부 파견직 문제를 부분적으로 다룰 뿐이다. 비정규직 문제는 우리가 직접 풀어야 하는 경제적 문제인 동시에 철학적 문제다.

부모의 눈으로 한번 생각해보자. 자기 자식이 꼭 좋은 직장의 정규직이 된다는 보장이 있는가? 궁극적으로는 비정규직이 없는 경제로 가야겠지만, 지금 청와대나 정부의 방향을 보면 요원한 일로 보인다. 이럴 때 우리가 선택할 수 있는 최소한의 사회적 원칙이 맥스민max-min, 즉 가장 약한 사람들의 보호를 최대화하는 것이다. 젠더 문제에서 동일임금의 원칙을 주장하는 것이 그에 해당한다. 현 상태에서 가장 약한 사람들, 즉 여성을 위한 최소한의 조건을 지켜주자는 것이다. 그러면 다른 약한 사람들의 조건이 따라서 개선되는 효과를 가져온다.

동일노동, 동일임금, 여기에 직장 내에서의 동일처우까지 포함해 '3동 원칙'이 등장한 것이 몇 년 된다. 주요 선거 때 몇 개의 캠프에서 이런 얘기들이 나왔다. 그렇지만 다른 시급한 의제들에 밀려 아직까지 전면적으로 제시되지는 않았다. 동일한 노동에 동일한 임금을 지급하자는 것이 시급히 처리해야 할 문제라는 데는 많은 이들이 공감할 것이다. 직장 내 처우까지 동일하게 하자는 것은 별로 시급해 보이지 않고, 사소한 일처럼 느껴질 수도 있다. 그러나 동일노동, 동일임금처럼 노동 구조의 문제를 개편하는 '큰 문제'가 아니기 때문에 동일처우 문제는 오히려 쉽게 바꿀 수 있다는 특징이 있다. 최소한 안전모 차별하지 말고, 유니폼 차별하지 말고, 밥 먹을 때 식단 차별하지 말고, 휴가 갈 때 차별하지 말자. 이 정도는 지금도 할 수 있는 일 아닌가? '인간의 얼굴을 한 자본주의'의 관점에서 많은 직장들이 비록 선언적으로라도 '3동 원칙'을 경영원칙으로 채택하는 시기가 오기를 바란다.

몇 년 전만 해도 비정규직은 정말 너무 힘이 없어서 교섭 자체가 불가능했다. 그러나 이제 청년유니온이 결성되고 알바노조가 조직되면서 미약하나마 조금씩 목소리에 힘이 붙어가는 중이다. 흔히 프리랜서라고 부르는, 비정규직 축에도 들지 못하는 특수 노동도 있다. 미국 등 많은 나라에서 프리랜서와 관련된 법률이 속속 제정되는 중이고, 프리랜서 유니온 같은 게 만들어진다. 우리나라에서도 서울시에서 프리랜서 관련 조례를 준비 중이다. 머지않아 프리랜서 노조도 생겨날 것이다. 지금은 먼 나라 얘기처럼 들려도 3동 원칙을 요구하는 목소리가 사회적으로 형성될 것이다. 우리가 그렇게 만들 것이다.

직장 간
민주주의

'완전경쟁 시장'은 경제학 교과서가 만들어낸 가장 아름다운 허구가 아닐까 한다. 우리는 이론과 정책을 완전경쟁과 완전정보를 가정하고 만들어낸다. 실제로 모든 행위자가 관련 정보를 완전하게 알고 있다고 믿는 사람은 아무도 없다. 우리는 뭐든 잘 모르는 상태에서 판단하고 결정한다. 어쩔 수 없는 현실이다. 이 완전정보보다 더 허구적인 것이 완전경쟁이다. 아무도 가격에 영향을 미칠 수 없는 상태, 그 상태에서 시장은 공정한 경쟁이 이루어진다고 가정한다. 그러나 현실에 무한경쟁은 존재해도 완전경쟁은 존재하지 않는다. 특히 물건을 만들어내는 생산 현장에서 '공정한' 완전경쟁은 진짜로 교과서에만 등장하는 개념이다.

회사 안에서 자연스럽게 위계가 발생하는 것처럼 회사와 회사 사이에서도 위계가 발생하게 마련이다. 오랜 산업화 과정을 거치면서 수많은 작고 특수한 업체들이 자신들의 생태계를 구축한 국가들에서는 이런 위계에 나름의 질서가 생긴다. 우리나라는 압축성장 과정 속에서 그런 질서가 충분히 형성되지 못했다. 경쟁과 '개싸움'의 차이라고 할 수 있다. 경쟁을 하더라도 산업이 무너질 정도로 경쟁이 과열되면 '개싸움'이다. 게다가 90년대의 세계화 흐름에 따른 대규모화, 그리고 IMF 이후의 구조조정 과정을 통해 우리 산업은 철저히 독과점 구조로 재편되었다. 큰 놈이 장땡, 맨 마지막에 모든 것을 가져가게 구성되었다.

그 시절, 우리는 '직장 간 민주주의' 같은 것은 알지도 못했다. 그냥 큰 것만이라도 살아남으면 된다고 생각했고, 큰 기업의 고통을 '외부화'해서라도 산업을 지켜야 한다고 생각했다. 좋고 돈 되는 부문은 내부화, 힘들고 거칠고 돈 안 되는 부문은 외부화했다. 그렇게 20년 가까이 지났다. 계열사, 협력사, 관계사… 이름은 다양해도 결국 최상단에 존재하는 가장 큰 회사 밑에 간당간당 매달려 있는 형국이 되었다.

그것만 해도 좀 낫다. '땅 짚고 헤엄치기' 방식으로, 대기업은 주요 부품 조달은 전혀 경쟁 없이 자기네들 계열사를 통했고, 그 비율도 점점 늘려나갔다. 그렇게 이른바 '일감 몰아주기'로 가치를 높인 계열사를 통해 회사 승계도 하고, 지주회사 역할도 했다. 정의롭지도 않고 효율적이지도 않다. 무엇보다도 이런 일들이 혁신을 가로막고,

창조적인 전환을 가로막는다. 정치인 안철수가 딱 하나 맞는 말을 한 게 있다면 '삼성 동물원'이라는 표현일 것이다. 신생 IT 업체는 대기업에 납품하기 위해 불공정 독점 계약을 맺게 되는데, 그 순간 삼성 동물원, LG 동물원, SK 동물원에 갇혀 죽어야만 빠져나갈 수 있다. 진짜 현실 그대로다.

독과점 체계에서 강력한 권력을 지닌 시장 지배자와, 그들과 일을 해야 하는 수많은 중소기업, 여기에서 벌어지는 슬픈 사연들은 그야말로 중소기업 버전 '구로 아리랑'이다. 대한항공 조현민이 광고 대행사 직원들과의 미팅에서 욕설을 하고 컵을 투척한 사건이 직장 간 민주주의 결핍으로 생긴 대표적인 사건이다. 독과점 구조라서 당하는 쪽에서 대응하기가 쉽지 않다. 예전에 어음을 돌리던 습관이 남아서, 이제는 전산화되어 모든 매출액이 실시간 확인되는데도 정산이라는 절차를 통해 돈을 6개월 혹은 그 뒤에 지불하는 건 기본이다. 생산비의 절반도 주지 않고 나머지는 알아서 채우라는 데도 있다. 방송국의 드라마 제작 조건이 그렇다. 어떤 산업에서는 갑과 을이 5:5로 나누던 수익 비율을, 신규 업체에는 6:4로 슬쩍 낮추더니, 최근에는 아예 8:2도 등장했다. "싫으면 너 말고도 이 일 하고 싶은 싶은 사람 많다" "젊은 사람이 이렇게 세상물정 몰라서야 되겠느냐", 이런 멘트는 보너스다. 이런 말을 곱게 듣고 참으면 결국 번영이 올까? 혁신이 지체되고, 국제 경쟁에서 도태되면서 시장이 점점 작아져간다. 지켜보고 있으면 도대체 이게 뭔가 싶다.

직장 내부의 민주주의는 노동조합이 발달하면서 조금씩 나아진다. 그리고 회사 내부의 문제는 사실 그 회사만 결정하면 개선 방안을 찾을 수 있다. 그러나 산업 내부의 문제는 여러 회사가 같이 단결하기도 쉽지 않고, 절대 강자가 하나 있는 형국이라서 해결하기가 까다롭다. 프랑스 같은 경우는 노조가 산업별로 상당한 영향력을 행사한다. 그리고 회사들 사이의 문제를 한 테이블에서 논의하는 '길드'의 전통이 강하다. 그에 비하면 우리의 산업별 노조에서 작은 회사들이 각자의 궁핍함과 곤란함을 논의에 올리는 경우는 거의 없다. 그렇다고 눈에 확연히 드러나는 문제를 먼 발치에서 멀뚱멀뚱 쳐다보고 있는 공정거래위원회가 갑자기 유능하고 부지런해질 것이라고 기대하기도 어렵다. 완전경쟁 시장, 우리는 그곳으로부터 멀고 먼 곳에 와 있다. 멀어도 너무 멀리.

직장 민주주의의 연장선에서 회사와 회사의 관계를 다시 생각해볼 시기가 왔다. 어려운 문제인 것은 맞다. 그렇지만 어쨌든 우리나라 고용의 87% 정도를 중소기업이 소화하고 있다. 그냥 큰 사장과 작은 사장의 갈등이라고 볼 일만은 아니다. 노동자는 노동자의 일을 해결하고, 사장은 사장의 일을 해결한다? '인간의 얼굴을 한 자본주의'는 그렇게 간단하지 않다. 물건 잘 못 만들고, 일 잘 못하는 회사가 망하는 것은 당연하다. 그렇지만 말도 안 되는 불공정 때문에 멀쩡한 회사가 망하고, 그걸 고스란히 집어먹은 회사가 커지는 것은 부당한 일이다.

경쟁 속에서도 질서를 만드는 것, 그게 우리에게 필요한 직장 간 민주주의다. 직장 민주주의의 다음 단계로 직장 간 민주주의가 중요해지는 순간이 우리에게도 올 것이다. 기계적인 공정거래를 넘어 실질적인 직장 간 민주주의로, 우리의 경쟁 제도를 전환해야 한다. 그것이 희망의 씨앗이 틔워 올린 새싹이 될 것이다.

더 많은
뮤턴트를 위하여

질서와 무질서는 오래된 주제다. 반복할 것인가, 반복을 멈출 것인가? 이 역시 오래된 주제이지만 동시에 21세기적 주제이기도 하다. 대량생산 대량소비의 포디즘 양식이 한계를 보이는 시점, 슘페터 Joseph Schumpeter의 '창조적 파괴'라는 개념이 세계적으로 히트를 쳤다. 기존의 질서를 어떻게 파괴할 것인가, 그리고 그것을 어떻게 창조적으로 전환시킬 것인가? 이 질문이 21세기를 열었다. 물론 외국 얘기다. 우리는 하던 대로, 습관대로, 관습대로, 그냥 멍하니 있다가 21세기를 맞았다.

　　조화와 질서 그리고 파괴, 이런 것들이 상존하면서 때로는 갈등하고 때로는 화해하는 것이 우리가 가는 새로운 세계의 모습이다. 요즘은 아무 데나 진화라는 표현을 갖다 붙이지만, 진화는 평화롭고 점진적인 것이 아니다. 다분히 파괴적인 것이다. 뮤턴트(돌연변이)가 등장하고, 그 뮤턴트가 우점종이 되면서 진화가 벌어진다. 물론 많은 경우 비유적이지만, 그냥 하던 일을 더 잘하면 '진화'라고 말하는 건 좀 아니다.

북유럽식 사회 시스템이 만든 균형은 결국 뮤턴트의 등장 여지를 최대한 여는 것에서 나온다. 학교에서는 모두가 같이 익혀야 할 사회적인 것, 그리고 인문학과 과학의 기초를 배운다. 사실 진짜로 배우는 것은 지식이 아니라 그 지식을 서로 토론하고 나누고 확산시키는 방법이라고 볼 수 있다. 북유럽식 토론 수업은 균일한 제품을 만드는 과정이 아니다. 모두 같이 논의하는 시민적 토대 위에 자신만의 지식을 형성할 수 있는 틀을 만드는 과정이다. 서로 기본은 공유한 후, 개인이 최대한 자기 맘대로 움직일 수 있게 허용한다. 물론 그 가운데 엄청난 성과를 내는 사람도 있고, 크게 실패하는 사람도 있다.

자신의 일을 좀 더 창의적이고 적극적으로 하는 사람, 그 사람들이 기존의 시선으로 보면 일종의 뮤턴트다. 그들은 시키지 않은 일을 하고, 심지어는 별로 권고하지 않거나 하지 말라는 일을 한다. 각자 자기 시대의 뮤턴트가 되기 위해서 움직이고, 그래서 성공하든 성공하지 않든 국가를 기반으로 한 복지라는 틀 안에서 먹고사는 데 크게 공포를 느끼지 않는 것, 그것이 북유럽 스타일의 핵심 요소다. 국가 차원에서 이렇게 뮤턴트를 허용하고 권장하는 것, 그것이 바로 복지다. 그리고 기업 차원에서는 그것이 바로 직장 민주주의다.

내가 생각하는 한국의 가장 큰 전환점은 90년대, 청년들에게 왔던 변화다. 그들은 80년대의 운동권과 달랐고, 문화적 지향이 높았다. 서태지의 시대라고 하면 얼추 맞을지도 모르겠다. 한국은 경제적으로 풍요로웠고, 문화적으로 많은 것들이 허용되었고, 스스로 극한의 모습을 추구했다. 그런 지향의 문이 잠시 한국에 열렸다. 70년대의 군사문화, 80년대의 또 다른 군사문화와는 전혀 다른 문화 지형과 청년들의 모습이 형성되었다. 그러나 그 문은 활짝 열리지 못했다. 그 문이 활짝 열렸다면 지금 한국의 모습은 어땠을까? 더 창조적이며 더 문화경제에 가깝고, 동시에 더 지식경제에 가까웠으리라. 다양성은 문화와 지식의 특징이다. 원래 인간 사회의 시스템은 중앙형에서 출발해 점점 분산형으로 가는 경향이 있고, 단순한 것에서 시작해 점점 복잡성과 다양성이 늘어나는 경향이 있다. 성공한 사회 시스템은 보통 그런 길을 걸어간다.

1997년 한국은 IMF 경제위기와 함께 다시 구시대로 돌아오게 되었다. 생활고를 피하기 위해 청년들이 찾아 들어간 직장은 적응, 그것도 혹독한 적응을 요구했다. 상명하복, "무조건 버텨라", 이런 무시무시한 얘기밖에 없었다. 그냥 청년들을 군사주의식 틀에다 욱여넣기에 바빴다. 다양성의 시대는 오지 않았고, 시대의 뮤턴트들은 IT 기업으로 흘러 들어갔다. 그 시대에는 그게 가장 첨단이었다.

그리고 20년이 지났다. IMF와 함께 청년들이 숨죽였던 90년대 후반과는 조금은 다른 사회 분위기가 형성되었다. 촛불집회와 함께 그래도 더 많은 것을 상상하거나 요구해도 아주 이상하게 취급받지는 않는 사회적 여건이 열렸다. 지금의 청년들은 60년대에서 90년대까지 입사한 사람들처럼 '가족 같은 회사'를 원하지 않는다. 나이 먹은 팀장들은 새로 들어오는 직원들을 보면서 혀를 끌끌 찬다. 익숙한 자기 방식에 신입직원들을 끼워 맞추려는 사람들에게는 그들이 이상해 보일 것이다. 그렇지만 사회적으로 보면 새로운 직원들이 보편적인 것이고, 자기가 이상한 것이다. 우리에게도 저 개인주의 문화가 등장할 순간이 되었다. 그게 변화고 역사다. 그리고 당연한 것이다.

2000년대에 우리는 집단적으로 실패했다. 그리고 20년 만에 다시 흐름이 왔다. "절이 싫으면 중이 떠나라" 식의 기업 태도는 21세기적이지 않다. 더 많은 뮤턴트들을 받아들이고, 그 안에서 뮤턴트들이 더 많이 등장하게 하는 것, 이게 21세기적이다. 직원 개개인에게 좀 더 많은 자유를 허용하는 것, 이게 직장 민주주의의 최대 장점이다. 조금은 더 실험적으로, 조금은 더 과감하게, 그리고 그 정도를 서로 소통을 통해 조율하는 것, 이게 선진국 기업들이 나아가는 방향이다.

우리가 지금 딱 새로운 분기점에 서 있다. 노동시간은 줄고 여유는 늘어날 것이다. 이 상황에서 뮤턴트의 집단적 등장과 함께 새로운 실험들이 벌어지면 결국은 국민경제의 생산성이 높아진다. 뮤턴트가 등장하는 비율과 빈도를 조금이라도 더 높이는 것, 이게 오래된 조직이 살아남고 변화할 수 있는 길이다.

'좀 이상해도 괜찮아, 좀 달라도 괜찮아', 이런 마음도 우리는 아직 먹기가 힘들다. 그러나 이제는 진짜로 '좀 이상해야 해, 좀 달라야

해', 이렇게 서로 권할 수 있어야 한다. 새로운 획일성, 지독할 정도의 동일성을 어떻게 분산시킬 것인가? 이게 직장 민주주의라는 문제에 걸린 마지막 질문이다.

질서정연한
바보짓

1998년에 제작된 일본 영화 〈춤추는 대수사선〉은 드라마에 이어 극
장판까지 대성공을 거두었다. 내가 본 영화 중에서는 가장 조직론
적인 영화다. 본청과 현장 경찰관, 경찰 수뇌부와 중간 간부의 갈등
같은 조직 내부의 문제가 주제다. 경찰 간부 납치 사건이 발생해 본
청 소속 경찰관 위주로 특별수사본부가 꾸려진다. 요구하는 대로 몸
값을 치르겠다고 하고 납치범을 유인하는데, 본청에서 나온 수십 명
의 경찰이 현장에 잠복해 있지만, 지역 경찰은 그냥 구경만 할 뿐이
다. 이때 같은 장소에서 다른 사건을 추적하던 지역 경찰서 형사인
주인공 아오시마의 목소리가 전화부스가 있던 현장 녹음에 담기게
된다. 물론 아오시마는 영문도 잘 몰랐고, 전화부스에서 바로 도망
간 납치범은 보지도 못했다. 그러나 바로 그 자리에 있었다는 이유만

으로 그는 밤새 수천 명의 범인 프로필을 살피게 된다. "당신은 납치범을 봤을 거야." 그러나 그가 봤을 리 없고, 봤다고 해도 진짜 무의식의 영역이다. 밤을 새운 아오시마에게 이 사건을 비밀리에 수사하던 경찰 특수본에서 자기들이 보유한 수천 명의 프로필을 다시 들이댄다. "당신은 범인을 봤어, 기억할 수 있을 거야." 뭔가 정교하게 움직이는 듯하지만, 결국은 아무 의미도 없는 일을 하면서 아오시마는 다시 꼬박 밤을 새워 사진들을 들여다보고 또 들여다본다. 결국 범인은 지역 경찰서의 현장 경찰들이 탐문수사를 하다가 잡게 된다.

총리실에 있다가 다시 한국에너지공단으로 복귀했을 때 이 영화를 보았다. 그 시절 주로 장관에게 가는 보고서를 마지막으로 정리하느라 밤을 새웠고, 가끔은 청와대에 가는 보고서 때문에 밤을 새우기도 했다. 마지막 보고서는 우리 팀에서 총괄했지만, 통계와 관련된 사람들, 지역 자료와 관련된 사람들 수십 명이 같이 밤을 새웠다. 그 시절에 영화 〈춤추는 대수사선〉을 보고 있으려니, 나 아니 우리가 하는 일과 너무 같았다. 한국에너지공단은 현장 경찰서와 비슷했다. 청와대나 총리실에서 누가 한마디 하면 이게 장관을 거쳐 'VIP 보고서'를 만들라는 지시로 내려온다. 너무 여러 사람 거쳐서 지시가 내려오니까 누가 원하는지, 정확히 무슨 내용이 담겨야 하는지도 불분명하다. 무엇 때문에 만드는지, 주문자의 입맛에 맞을지는 더더욱 불분명하다. 그래도 밤은 새워야 한다. 밤이라도 새워야 "우리는 최선을 다했다"는 최소한의 면피를 하게 된다. 같이 밤을 새우는 사람이 많을수록 "우리는 모두 최선을 다했다"고 말할 수 있게 된다.

무엇을 위해서? 그 정도 시늉이라도 해야 안 잘린다.

　영화 〈춤추는 대수사선〉을 몇 번이고 보았다. 그다음 해 봄, 나는 회사에 사직서를 제출했다. 물론 영화 때문에 그만둔 것은 아니지만, 영화가 그 일을 그만둬야겠다고 결정적으로 마음먹게 한 것은 사실이다. 그때 '질서정연한 바보짓'이라는 생각을 했다. 겉으로 보면 계통과 규율에 따라 굉장히 체계적으로 움직이는 것 같지만, 사실은 전부 힘을 모아서 바보짓을 하고 있는 셈이라는 생각을 했다. 그리고 15년이 지났다. 비슷한 바보짓은 계속되고 있다. 21세기가 오긴 온 거야?

　아시아나에서 회장이 방문하면 '예쁜 애들'을 앞에 세우고 장미꽃으로 환영하게 한 사건 혹은 성심병원에서 간호사들에게 선정적인 춤을 강요한 사건 같은 것을 보면서 나는 정말로 충격을 받았다. 이건 질서정연한 바보짓 정도가 아니라 '질서정연한 나쁜 짓'이다. 도대체 거기 관리자 중에는 제정신 박힌 사람이 한 명도 없는가?

　생산성을 높이려면 대단한 기술 혹은 장비를 도입하는 방법이 있고, 조직의 실패 혹은 비효율성을 줄이는 방법이 있다. 대단한 신기술이라고는 하지만 알고 보면 정부가 대충 몇 개 미래기술이라고 선정하고 돈을 왕창 부적한 다음; 몇 년 후에는 누군가 부패나 로비 사건으로 감옥 가는 결과만 만드는 경우가 대부분이다. 생산성을 높이기는 어려우니 생산량을 늘리려고 일하는 시간만 늘리기도 한다. 그런 방식으로 야근을 늘리고, 특근을 늘리고, 그러다 너무 힘드니까 회사에서 위로 겸 술 사주는 방식으로 21세기의 지난 18년을 때

워왔다. 머리가 돌아가지 않을 정도로 힘이 들고 해롱해롱하는데, 무슨 신기술이고 생산성인가?

박근혜 시절에 창조경제 한다고 대기업 떠밀어서 지역별로 창조경제센터 설립한다고 난리 친 것, 문재인 정부에서 정부가 추진하는 연구사업이나 지원사업에 "4차 산업혁명을 대비하여"라고 모두가 한 줄씩 덧붙이고 있는 것, 수소경제가 온다고 수소산업에 찬성하는 사람들을 청와대 요직이나 장차관 자리에 임명하는 것, 이런 것들이 질서정연한 바보짓에 해당한다. 이 짓에 수조 원 이상이 들어갔고, 앞으로도 더 들어갈 것이다. 아마도 몇 년 후에는 "이 길이 아닌가벼", 슬쩍 돌아서게 될 것이다. 그리고 그 누구도 고발당하거나 책임질 일은 벌어지지 않을 것이다. 혹시라도 이 질서정연한 바보짓에 자신의 젊음을 모두 바친 실무자가 있다면? "그래도 밥은 먹고 살았잖아", 이런 얘기를 들을 것이다.

국가 조직에서 하는 많은 일이 잘못된 판단으로 쓸데없는 일을 벌이면서 돈을 낭비하는 '바보짓'에 불과하다. 그중에는 진짜로 질이 좋지 않은 '나쁜 짓'도 가끔 벌어진다. 민간회사든 공공기관이든, 한국 조직에서 우리가 하는 일의 대부분이 '질서정연한 바보짓'과 '질서정연한 나쁜 짓' 사이에서 줄을 타고 있는지도 모른다.

영화 〈짝패〉에서 배우 정두홍이 연기한 형사 정태수가 정말 악질 깡패가 된 어린 시절 친구와 생사를 건 싸움을 하는 장면이 있다. 슬픈 장면이다. 그런데 수사나 영장과는 전혀 상관없는 일이다. 정태

수가 말한다. "그래도 반은 합법이여." 경찰이 나쁜 놈 잡으러 가는 거니까 반은 합법이라는 말이다.

어쩌면 우리가 직장 안에서 하는 많은 일이 반만 합법일지도 모른다. 절차와 규정을 다 지키면 할 수 있는 일이 없다. "위에서 시키니까 어쩔 수 없었다", 그런 변명이 아예 필요 없을지도 모른다. 물어보는 사람도 없다. 그렇다고 대충 넘어가면? 나중에 피곤한 일이 생긴다. 결국 책임을 다른 사람에게 떠넘기게 된다. 팀장이니 상사니, 책임을 피하고 남에게 뒤집어씌우는 데 달통한 사람들 아닌가?

직장 민주주의는 '질서정연한 바보짓'을 줄이는 기술에 관한 얘기다. "팀장님, 이거 왜 하는 건데요?" 이렇게 얘기할 수 있는 조직이 실패를 줄일 수 있다. 혹시라도 불이익을 받을까봐 모두가 입 다물고 있다가 나중에 배가 산으로 간 다음에야 배를 버리고 알아서 각자 걸어 내려온 게 우리가 일한 방식이다. 산 아래에서 다 모여서 막걸리나 한잔할 수 있으면 더 좋고.

직장 민주주의가 지금 우리에게는 정의나 인권의 문제만은 아니다. 집단적인 바보짓을 줄여서 돈과 시간의 낭비 그리고 조직의 실패를 줄여야 다음 길이 열린다. 경제적으로도 더 이상 질서정연한 바보짓을 유지할 여유가 없다. "내가 해봐서 아는데" 시대를 거치고, "그게 그렇게 어렵습니까" 시대를 지나왔다. 입만 열면 "스마트", 공무원들은 "사람이 먼저다"라고 얘기하는 시대에 왔다. 질서정연하고 스마트하게 바보짓하는 시대, 지금 우리는 이 길에서 빠져나와야 한다.

취업 면접과
취업 비리의 문제

사법고시가 사라지면서 공정에 대한 논의가 다시 불붙기 시작했다. 기존 시스템에 대한 불신이 워낙 높아져서 시험이 가장 공정하다는 인식이 강해졌다. 사회가 성숙해지고 공정해지면서 시험이 아닌 방식으로 시스템을 운용해도 괜찮은 상태를 만드는 것, 그게 우리가 원래 가야 하는 방향이다. 직장의 경우는 더욱 그렇다. 그러나 우리는 사람을 믿지 못하고, 조직을 믿지 못한다. 툭하면 누구 자녀들 뽑아주고 후배들 뽑아주는 일들이 벌어진다.

기업들이 한 번에 대규모로 공채를 하는 좀 특이한 채용 방식이 있는 나라가 일본과 한국이다. 대부분의 나라들은 각 부서에서 알아서 수시로 채용한다. 그렇게 수시로 채용하면 사장님 아들, 회장님 따님 아니면 자기 친구들을 뽑지 않을까? 뽑는 건 알아서 뽑더라도 성과에 칼같이 책임을 져야 하니까 아무렇게나 뽑지는 않는다. 아는 사람 사정 봐주다가 자기 자리가 없어지는 수가 있다. 무엇보다도 상대적으로 공정성이 정착된 사회에서는 힘이 있다고 해서 아무렇게나 휘두르지 않는다. 그런데 지금 대기업에서 일괄적으로 시행하는 공채를 없앤다고 하면, 아마 촛불집회보다 더 큰 청년집회가 벌어질지도 모른다. 유일하게 공정한 채용 방식이 공채라고 많은 사람들이 생각하기 때문이다. 이 대규모 공채를 언제까지 끌고 갈 것인지는 여전히 연구 과제다. 그렇지만 채용 비리까지 그대로 둘 수는 없다.

실업률이 높아지고 '좋은 직장'이 점점 줄어들면서 한정된 자리에 취업하려는 사람들이 많아진다. 공급이 수요보다 많다고 표현한다. 사람을 필요로 하는 쪽에서 더 많은 권력을 갖게 된다. 그러다보니까 면접 등 선발 과정에서 지나치게 굴욕을 주거나 취향을 드러내게 하는, 옳지 않은 일이 벌어진다. 성희롱도 벌어진다.

먼저 쉬운 것부터 생각해보자. 정치적 신념과 관련된 질문을 하거나 여성들에게 모욕적인 질문을 하는 것은 분명히 문제가 있다. 이 문제에 해법을 찾은 곳들이 있었다. 생각보다 해법은 간단하다. 면접 장소에 감사실 직원이 와서 같이 앉아 있으면 된다. 그렇게 하면 내부 심사위원은 물론이고 외부 심사위원들도 말을 좀 가려서 한다고 한다. 누군가 지켜보고 있고, 문제가 있는 질문을 하면 진짜로 문제가 될 것이라고 환기시켜주는 것만으로도 상당한 효과가 있을 수 있다. 뽑지 않는 것은 자기네 마음이다. 그렇다고 해서 모욕을 주거나 성희롱을 해도 괜찮은 것은 아니다. 아쉬운 대로, 감사실 직원의 배석만으로도 면접을 빙자한 황당한 질문은 많이 줄일 수 있다.

중장기적으로는 국가인권위원회 같은 곳에서 직장 면접과 관련된 가이드 라인을 만드는 것이 좋을 것이다. 만약 태극기와 촛불이 면접 과정에서 정면으로 충돌한다고 생각해보자. 직장은 그러면 안 되지만, 여기도 다 사람 사는 곳이라 민감하게 충돌할 수도 있다. 그런 이유로 누군가는 탈락하고 누군가는 합격한다면, 그건 선진국에서 일어나는 일은 아니다. 개인의 사상적 자유와 문화적 취향에 대한 존중은 헌법 사항이다. 인격적 개인으로서, 면접 과정에서 태극기가 촛불을 조롱하는 것도 이상하고, 촛불이 태극기를 놀리는 것도 이상하다. 밀실에서 폐쇄적으로 면접이 진행된다는 사실 때문에 벌어지는 언어 폭력과 희롱, 그 개연성과 가능성은 줄여야 한다.

취업 비리 문제는 조금 복잡하다. 크게 보면, 공채와 특채로 나뉜다. 공채는 일반직의 경우이고, 특채는 고학력 등 전문직의 경우다. 나누어서 생각해보자.

공채 과정에서, 만약 누군가의 성적을 조작했거나 친인척 등 아는 사람을 비리로 취업시킨 경우, 업무방해죄가 성립된다. 만약 회사 직원들이 전부 공모를 했다면 업무방해가 아니다. 그렇지만 한 사람이라도 취업 비리 사실을 몰랐다면 업무방해죄가 성립할 수 있다. 대부분의 취업 비리는 일단은 업무방해죄에 해당한다. 형량이 그렇게 높지는 않다. 공정한 절차에 의해서 공개채용한다고 공고를 내고, 친한 사람, 아는 사람 붙여주면 사기죄일 것 같은데, 실제 사기죄를 적용하기는 어려운 모양이다.

만약 취업 청탁 비리의 대상이 공무원 등 정부와 관련된 사람이라면 뇌물죄가 성립한다. 꼭 장관이나 실장급 같은 고위 공무원이라야만 뇌물죄가 성립하는 것은 아니다. 더 낮은 직급이라도 뭔가대가를 바라고 취업을 시켜줬으면 일단은 뇌물죄다. 그리고 이때 공무원의 범위는 우리가 일상적으로 이해하는 국가 공무원의 범위보다 훨씬 넓다. 특정범죄가중처벌법 흔히 특가법이라고 불리는 법에의해서 뇌물죄가 적용되는 공무원은 정부와 관련된 공기업 직원 등을 포함해 범위가 넓게 정의된다. 한국전력공사나 한국가스공사 직원이 자기 하청업체에 누군가의 자리를 부탁했다면 딱 뇌물죄다. 만약 사장이나 간부가 자기 아는 사람을 공채에 밀어넣으려고 했는데, 그곳이 그냥 거래하는 업체면 업무방해죄, 정부와 조금이라도 관련이 있는 곳이면 뇌물죄다. 현행법으로도 그렇다.

특채는 좀 복잡하다. 이건 청와대부터 작은 도시의 시청까지, 그야말로 복마전이다. 돈 받고 누군가를 채용해주는 일은 이젠 좀 줄어든 듯한데, 고향 후배 집어넣고 학교 후배 집어넣는 식이라 대수술이 필요한 상황이다. 제일 많이 벌어지는 일이 내정이다. 채용할 사람을 미리 정해놓고 형식만 공개채용을 빌리는 경우다. 한국 엘리트들이나 전문직들 부패의 첫 출발이다. 자기들이 필요한 사람 스카우트하는 경우라면 그냥 특정인을 대상으로 채용을 진행하면 되는데, '공정' 시늉을 내느라고 굳이 절차를 만들어서 멀쩡한 사람들을 들러리로 세운다. 이 경우도 채용에서 공모한 사실이 입증되면 업무방해죄가 되는데, 입증이 어렵다. "저 아저씨가 제 면접 점수 너무 낮게 줬어요"라고 말해봐도, 공모한 사실을 밝힐 수가 없고, 증거는 더더욱 확보하기 어렵다. 실무자들 입장에서 보면 '낙하산'이 이런 방식으로 내려오게 된다. 그리고 실제 현장에서는 곡소리가 난다.

MB 시절, 대통령이 원하는 사람이 너무 황당한 인사라서 심사위원들이 불합격 처리를 하는 경우가 종종 있었다. 그러면 청와대에서 그 임용 자체를 정지시켜버린다. 그리고 임용 절차를 다시 연다. 결국 지치고 지쳐서 이전에 불합격한 인사를 다시 통과시키게 된다. 네가 이기나 내가 이기나 보자, 우리가 이런 나라에서 산다.

업무상 꼭 필요해서 내정이 있는 경우는 적절한 사유를 심사해서 공개채용 절차를 열지 말아야 하고, 실제로 공개채용을 하는 경우에는 내정을 해서는 안 된다. 이게 최소한의 공정이다. 사장님 아들하고 같이 면접 봐서 사장님 아들을 이기고 올라오라는 것, 이건 말장난이다. 민간기업이 알아서 사람 뽑겠다는데 하나하나 법의 틀을 들이대는 것은 나도 반대다. 그렇지만 최소한 절차를 열었으면 그 절차만큼은 공정하게 진행하는 것이 공정 사회다. 법률적 정비가 시급하다.

채용과 관련된 각종 비리는 여러 개의 법률에 걸쳐 있어서 직접 조항을 적용하기가 애매하다. 채용 비리에 관한 특별법을 만들어서, 이제부터라도 취업 등 각종 행정 절차를 좀 더 엄격하게 관리할 필요가 있다. 특히 고위 공무원 자녀나 거래 업체 자녀를 인턴으로 채용하는 것은 현재로서는 법적으로 다루기가 어렵지만, 이런 걸 그냥 두고 청년들에게 공부만 열심히 하라고 하는 것은 불합리하다. 채용과 관련된 특별법을 통해서 법적 제도를 정비해야 하는 순간이 왔다. 채용 과정이 사회적으로 흔들리면 국가의 근간이 흔들린다.

민간회사의 경우도 마찬가지다. 그냥 알아서 '내부 시장'을 통해서 소문 내지 않고 뽑든지, 아니면 진짜로 공정하게 뽑든지, 제도적으로 정비할 필요가 있다. 사장님 아들 뽑는 거 뭐라고 하고 싶지는 않다. 그렇지만 그가 다른 경쟁자보다 머리도 좋고 실력도 월등이 좋았다, 이따위 말로 여러 사람 모욕 주는 일 정도는 서로 피하는 것이 좋지 않겠나?

*

에필로그

*

이제 직장 민주주의를
이야기할 때

1.

매일 아침 죽은 남편의 사진 앞에 막 내린 커피 한 잔을 올리는 여인
이 있다. 남편은 커피를 정말 좋아했다. 요리사인 남편은 성과를 인
정받아 식당 체인점의 점장이 되었다. 그러나 경제위기가 왔고, 더
이상 성과를 내기가 어려웠다. 밤새워 일하던 남편은 어느 날 자살
을 했다. 1996년의 일이다. 그녀는 과로사 미망인이다. 우리도 최근
에는 과로로 인한 자살을 과로 자살로 인정하는 경향이다.
_ KBS1 〈시사기획 창〉, '주 58시간' 일본의 고민 편

한국형 엑소시즘을 표방하는 드라마 〈손 the guest〉 5~6화는 직
장 따돌림을 당하던 신입직원의 자살 사건을 다루었다. 신입직원이

자살한 후, 아이를 임신한 그의 약혼녀가 자살하려는 순간, 손이 들었다. "자살해서 죽으려는 걸 우리가 살려냈어. 애는 우리 거야, 우리거." 악령은 절망과 분노라는 초청장을 받고 사람들의 몸에 빙의한다. 그러나 악령에게 모든 것을 맡겼던 약혼녀는 배 속 아기 덕분에 삶의 의지를 찾고, 신부의 도움을 받아 악령과의 싸움에서 이긴다. 신입직원을 괴롭혀서 자살에 이르게 한 회사 직원들은 겨우 악령을 피해 목숨을 건진다.

무서웠다. 사장도 아니고, 사주도 아니고, 대리와 사원들이 신입직원 괴롭혀 자살에 이르게 하는 과정, 군대 소설에서나 많이 보던 얘기였다. 어쩌면 직장 내에서 우리 역시 하루에도 몇 번씩 손이 들어올 마음의 상태를, 절망과 분노의 감정을 경험하지 않을까? 영화는 영화고, 드라마는 드라마일 뿐이다? 엑소시즘 얘기에 무슨 직장 따돌림 자살 운운하냐? 조지 로메로 감독의 〈살아 있는 시체들의 밤〉 이후로 공포물은 그 시대의 질문을 담는 것이 전통이 되었다.

대부분의 사람들에게 직장은 싫은데도 참고 일하는 곳이다. 착취가 벌어지는지 그렇지 않은지는 중요하지 않다. 이 '참는 것'을 어느 수준까지 참을 것인가? 이게 1차적인 문제다. 우울증에 걸려서 자살하거나, 죽을 것 같아서 회사를 그만두는 것, 이처럼 극단에 해당하는 사람들은 문제가 겉으로 드러나지만, 그 정도까지 가지 않는다고 해서 편한 상태이거나 권장할 상태인 것은 아니다. "자본주의가 원래 그런 거 아니야?" "남의 돈 먹기가 그렇게 쉬운 줄 알아?" 그렇게 말하는 건 아니다.

자본주의가 출발하는 곳에 노동자는 없었다. 15~16세기 원거리 항해를 통해서 금과 은 그리고 재화들이 쌓이기 시작했다. 자본은 형성되기 시작했지만, 노동자는 없었다. 돈 주고 일 시킨다고 해도 일할 사람이 없는 게 초기 자본주의의 모습이었다. 15세기 후반부터 시작된 인클로저 운동은 양을 기르는 목장을 만들기 위해서 크게 '울타리를 치는enclosure' 것을 의미한다. 대형 목장들이 등장했고, 소농들은 경작지를 잃고 쫓겨났다. 졸지에 먹고살 방법을 잃은 농민들은 유랑민이 되거나 도시로 몰려들었다. 그렇게 농사 지어 먹고살던 사람 중 일부가 돈 받고 일을 하게 되었다. 노동자라는 계급이 이렇게 형성되었다.

우리도 크게 다르지 않다. 1930년대에 경인공업지구를 만들기는 했는데, 일할 사람들이 없었다. 새마을운동은 일종의 농촌 재구성 작업이기도 했다. 많은 농민 혹은 농민의 자식들이 서울로 올라왔고, 그들을 중심으로 부도심으로 구성된 곳이 영등포다. 자본만 축적의 역사가 있는 것이 아니라 노동자도 구성의 잔혹사가 존재한다.

1980년의 짧은 공황 때 한국은 실업이라는 것을 처음 알았다. 1988년 이전까지, 한국 자본주의는 자본이 아니라 사람이 귀했다. 그 시절 수준으로는 나름 최선을 다해서 한 번 들인 사람을 오래 붙잡고 싶어했다. 갑자기 노동자가 그만두고 다른 회사로 옮긴다고 하면, 그것 자체로 회사에 충격이 되었다. 그런데 지금은 성장률 자체가 하락하면서 자본에 비해 상대적으로 노동력이 넘치는 시절이 되었다. 이제는 일하는 사람이 힘들다고 해도 막 대하기 딱 좋은 조건이다. "너 말고도 사람은 많아." 입사하겠다는 사람들이 줄을 서 있고, 여차하면 비정규직 데려다 써도 된다고 생각한다. 자본의 법칙, 재벌의 비애, 이런 복잡하고 구조적인 문제만 존재하는 것은 아니다. 동료들끼리도 서로 무시하고, 괴롭히고, 나갈 테면 나가라고 한다. 춥고 어두운 곳에서 이런 일 생기기 딱 좋다. 제도 정비가 필요한 순간이 되었다.

2.

나는 만 나이로 치면 18세 때 학부에서 경제학이라는 학문을 접했다. 50이 넘는 나이까지 경제학자로 밥 먹고 살았다. 돈이 어디서 와서 어디로 가는가, 이 정책이 실제로 이익이 나는 정책인가 아니면 보기만 멋있지 실제로는 부정적 효과 혹은 부수적 폐해가 더 많은가, 그런 것만 살피면서 살았다. 그런 나에게 민주주의라는 용어는 익숙하지 않다. 민주주의가 익숙하지 않은 게 아니라, 경제학 틀 내에서 민주주의라는 개념을 사용하는 것이 익숙하지 않은 것이다. 사실 잘 사용하지 않는다. 그렇다고 모든 경제학자가 민주주의를 반대하는 것은 아니다. 아주 극단적 소수를 제외하면 가장 극우파에 속하는 경제학자라도 민주주의를 반대하지는 않는다. 시장에서의 자유로운 거래라는 접근 자체가, 모든 경제주체가 시민권을 가지고 있고 오로지 자신의 판단과 의사결정에 따라서만 행위한다는 전제를 깔고 있다. 민주주의가 아닌 상황에서는 모든 현대 경제학 이론이 작동할 근거가 사라진다고 해도 과언이 아닐 것이다. 그렇지만 역시 경제학에서 생각하는 조직론에서 민주주의는 잘 다루지 않는 주제이기는 하다. 민주주의가 워낙 큰 집합이라서 그럴지도 모른다. 경제학의 대상으로 다루기에는 너무 큰, 경제학보다 더 큰 집합이라서 쉽지 않은지도 모른다.

처음에 이 작업을 시작하면서 회사, 직장 그리고 민주주의 등 서로 잘 결합되지 않는 용어들을 놓고 꽤 긴 시간을 고민했다. 우리가 회사라고 말할 때는 많은 사람들이 주식회사를 염두에 둔다. 그리고 극단적인 5인 이하의 사업장과 그 이상 규모의 사업장, 이렇게 분류를 한다. 그러나 우리가 꼭 주식회사에서만 일하는 것은 아니다. 정부도 있고, 정부와 관련된 수많은 기구들이 있다. 그리고 서울우유처럼, 고만고만한 회사처럼 보였는데 사실 작동원리가 주식회사와 전혀 다른 회사들도 있다. 직장이라는 용어로 이런 것들을 묶고 싶었다.

어쩌면 나는 '일하는 사람들을 위한 민주주의'를 생각했던 것인지도 모른다. 당장 내가 원하는 것이 그렇다. 부모에게 물려받은 것 없이 그냥 내가 알아서 먹고살았다. 그리고 최대한, 나의 두 아이들을 위해서라도 나처럼 그냥 뭔가 좀 하면 밥은 먹고살 수 있는 세상을 만들고 싶다.

직장 민주주의, 목표를 크게 잡을 필요도 없다. 지상낙원 같은, 출근이 너무너무 즐거운 직장을 만들자, 그건 그냥 꿈같은 얘기다. 그런 말은 오키나와나 하와이 같은 휴양지에나 어울린다. '가족 같은' 회사, 그것도 개소리다. 집안이 편안한 집안, 한국에 얼마나 되겠는가. 많은 사람들이 "이놈의 집구석", 투덜투덜거리면서 집에 간다. 가족이 행복하다는 것, 그것도 이데올로기다. 시대는 변했다. 회사를 가족같이 생각하는 사람을 '사축社畜'이라고 부르고, 휴식을 포기한 채 죽어라 일만 하는 사람을 '쉼포족'이라고 부른다. 직장 민주주의, 일하다가 자살하거나 안전 미비로 사망하거나, 어쨌든 일하다가 죽는 일은 없게 하겠다, 이 정도의 기준만으로도 충분하다.

"민주주의가 밥 먹여주냐?" 이런 질문을 오랫동안 받았다. 밥 먹여주는지는 여전히 잘 모르겠지만, "빌어먹을"이라는 소리가 입에서 턱턱 튀어나오는 상황 정도는 막아줄 수 있다. "더러워서 그만둬야겠다"는 지저분한 퇴사 이유 정도는 피하게 해줄 수 있다. 그야말로 최소한의 생활 민주주의 아니겠는가? 그 정도 조건을 만드는 것이 최순실을 쫓아내는 일보다 어려운 일은 아니지 않은가?

3.
예전에 내가 배울 때는 경제 규모가 커지면 생산성 증가가 어려워져서 성장률도 낮아지기 때문에, 그에 맞춰 경제 여러 분야에서 최적화를 하면서 버텨야 한다고 했다. 나도 그게 자연스럽다고 생각했다. 그래서 일하고자 하는 사람이 언제든 일할 수 있는 완전고용이라는 것은 한국에서는 다시 오기 어렵다고 생각했다. 나는 IMF 이전, 한국 경제가 완전고용 상태에서 움직이던 시절에 경제생활을 했다. 진짜로 풍요로웠다. 우리에게 완전고용은 다시 오지 않을까? 내가 완전고용의 가능성에 대해서 말을 꺼내면 동료 경제학자들은 물론 정치학이나 사회학 하는 사람들도 나에게 "입 다물어라, 욕 먹는다"며 진짜 한마디도 못 꺼내게 했다. 나도 확신은 없었다. 사세 미약, 나의 힘이 미약해서 마음속에만 그 생각을 담아놓았다. 2008년 금융위기가 지나고 다시 10년이 지났다.

이런 젠장. 트럼프가 정권을 잡으면 경제가 몰락한다고 그러더니 미국 경제는 완전고용도 넘어선 상태다. 일본 경제도 완전고용에 근접했다. 사회 초년생만 놓고 보면 완전고용 이상이다. EU와 독일 경제는 최근 움직이는 방향이 조금 다르다. 지난 7월 독일의 실업률은 5.2%인데, 독일 통일 이후로 최저치다. 좀 더 빡빡하게 취업을 계산하는 독일의 기준을 감안하면, 이 정도면 사실상 완전고용에 근접해가는 수준이라고 많은 사람들이 생각하는 것 같다. 프랑스도 한참 헤맸는데, 최근에는 경제가 나아지고 있다고 알고 있다. 뭐야 이거? 우리보다 덩치도 몇 배나 크고, 더 이상 새롭게 할 게 없을 것 같은 오래된 경제들이 완전고용에 도달했거나 근접해가고 있잖아? 우리는 뭐 한 거지? 더욱이 이렇게 새롭게 약진하는 큰 경제들 옆으로 스웨덴, 덴마크, 스위스 같은 나라들이 1인당 국민소득으로는 저 위쪽에 자리하고 있다.

하는 김에 옛날 얘기 하나만 더하자. 박사과정 때, 스웨덴은 높은 소득과 복지로 인해 개인주의가 지나치게 강화되어서 결국에는 공동체에 위기가 올 것이라고 생각하는 사람들이 많았다. 쉽게 말하면, 지금은 괜찮지만 오래 못 갈 것이다, 이런 생각이 팽배했다. 20년

이 흘렀다. 웬걸! 한참 내려가던 스웨덴의 합계출산율은 2 근접하게 다시 올라갔고, 경제는 여전히 잘나간다. 물론 내부적으로 위기의 요소가 없지는 않지만, 지금 우리가 그 얘기를 할 처지는 아닌 것 같다.

물론 우리나라 경제에 나쁜 요소만 있는 것은 아니다. 높은 교육열, 아직은 비교적 탄탄한 재정 여력, 북한 경제라는 미개발된 잠재요소 등을 감안하면 진짜 아무것도 없는 나라는 아니다. 그리고 중남미의 몇몇 나라처럼 사회 격차가 안드로메다로 가버린 것은 아니다. "부모님들은 신용카드도 썼다는데, 저희는 그렇게 못해요." 중남미 인터뷰에 나온 한 청년의 말이 너무 가슴 아팠다. 아예 은행계좌를 가지지 못한 중산층 2세들이 수두룩할 정도라고 한다. 우리도 그렇게 가는 길 초입에 있다고 할 수 있는데, 아직 그렇게까지 멀리 가버린 것은 아니다.

직장 민주주의에 대한 분석을 몇 달 동안 하면서, 나는 20대 이후 처음으로 '완전고용'의 꿈을 다시 갖게 되었다. 지금 우리의 최대 약점은 자본의 궁핍이나 노동력 부족이 아니다. 사회적 지식의 미형성이나 경제 인프라 취약, 이런 것도 아니다. 지식이나 인프라나, 너무 많아서 문제가 아닌가? 우리의 가장 큰 약점은 많은 직장에서 최소한으로 갖추어야 할 공식적 혹은 암묵적 제도들이 너무 미비한 것이다. 그런 제도들이 정비되면, 우리도 다시 완전고용의 시대로 갈 수 있다는 생각이 들었다.

공무원 일 안 한다고 욕한다. 대기업은 하청업체만 쥐어짜지, 진짜 공무원처럼 일한다고 욕한다. 그리고 하청업체인 중소기업은 노동자만 쥐어짜고 인권도 없고 혁신도 없다고 욕한다. 그 안에서 결국 생산력을 추가로 높이는 가장 저비용 방식이 바로 직장 민주주의다. 직장 민주주의가 완전고용을 가져올 것이다.

경제에는 많은 과제가 있다. 대부분 돈도 많이 들고, 법률 제정 등 법제도 정비도 쉽지 않은 경우가 많다. 그런 점에서 직장 민주주의는 확실히 장점이 많다. 그냥 하면 된다. 한국 경제를 총괄하는 곳이 청와대와 기획재정부다. 더 많은 경제적 성과를 원한다면 자기네 조직에서부터 먼저 직장 민주주의를 탑재하면 된다. 민주당 정권, 그것도 촛불 정권, 설마 거기서 직장 민주주의를 안 하겠느냐? 몰라서 못하지 알고도 안 하는 일은 없을 것이다.

청와대에서 먼저 직장 민주주의 선언을 하고, 기획재정부의 경제부총리가 직장 민주주의를 총괄 지휘한다면 서로 소란스럽기만 하고 보여주기식 행정이 되는 것은 아닐까? 이런 질문이 있을 수 있다. 원래 민주주의가 좀 소란스럽고 요란뻑적지근한 것이다. 그래도 밀실 같은 데서 사장이 직원 폭행하고 뒤에서 협박하는 것보다는, 호들갑스럽고 요란스러운 것이 더 좋은 것이다.

IMF 경제위기 때 벤처기업 사장들이 정부 지원금 받고 룸살롱 다닌다고 엄청 흉들을 봤다. 스타트업 CEO들에게 정부 지원금 받기 전에 직장 민주주의 교육 이수하라는 것이 그렇게 어려운 일은 아니다. 나는 좀 더 시끌벅적하고, 누가 무슨 일을 하는지 서로 지겹도록 들여다보는 그런 경제를 원한다. 정책은 밀실에서 나오고, 경영은 투명한 곳으로 나오고, 직장은 좀 더 민주적인 것이 좋다. 그 길이 선진국 경제가 이미 걸어간 길이다. 나는 그런 미래를 희망한다.

　2년 후면 총선이고, 다시 2년이 지나면 대선이다. 우리는 정치적 구호로 직장 민주주의를 얘기해본 적이 한 번도 없고, 완전고용을 당당하게 요구해본 적도 없다. 노동자를 죽어라 쥐어짜던 한국 자본주의에서 직장 민주주의라니! 그러나 직장 민주주의를 계기로, 한국 자본주의가 2기로 넘어갈 것이라고 생각한다. 초기 단계에 생겨난 완전고용과 그 몰락이 1기다. 그리고 새롭게 생겨난 완전고용과 그 이후의 사회, 그게 한국 자본주의 2기가 될 것이다.

　우리가 지금 한국의 10대와 20대에게 할 말은, 결혼 더 하고 아이 많이 낳으라는 것이어서는 안 된다. 효과도 없고, 미친놈 취급 받는다. 그렇지만 이제 한국에서 태어나는 아이들은 모두가 적당한 직장을 가질 것이고, 그 안에서 괴롭힘이나 고통 그리고 과잉노동은 없을 것임을 보여줄 수는 있다. 그게 스웨덴 등 북유럽이 걸어간 길이다. 우리는 우리 식으로 걸어가면 된다. 직장 민주주의가 한국 자본주의의 꽃이 될 날이 오리라고 나는 확신한다.

민주주의는
회사 문 앞에서
멈춘다

ⓒ 우석훈

초판 1쇄 발행 2018년 12월 10일
초판 3쇄 발행 2020년 1월 10일

지은이 우석훈
펴낸이 이상훈
편집인 김수영
본부장 정진항
편집1팀 고우리 김단희
마케팅 조재성 천용호 박신영 조은별 노유리
경영지원 정혜진 이송이

펴낸곳 한겨레출판(주) www.hanibook.co.kr
등록 2006년 1월 4일 제313-2006-00003호
주소 서울시 마포구 창전로 70(신수동) 화수목빌딩 5층
전화 02)6383-1602~3 **팩스** 02)6383-1610
대표메일 book@hanibook.co.kr

ISBN 979-11-6040-208-7 03300